1 Ernährung von Kindern und Jugendlichen

Diese Empfehlungen bitte immer mit Ernährungsberater/in, Arzt oder Diätologen/in absprechen! Die Rezepte und Zutatenlisten unterstützen die medizinischen Therapien.

Die Kalorienangaben frischer Zutaten (Obst und Gemüse) und die Inhaltsstoffe schwanken je nach Qualität und Erntezeit. Die Inhalte wurden von einer Diätologin und einer Ernährungsberaterin für die Traditionelle Chinesische Medizin (TCM) geprüft.

Autor:
©2022 Josef Miligui
Liebe Leserinnen und Leser, ich wünsche Ihnen viel Erfolg und gutes Gelingen bei der Umstellung Ihrer Ernährung. Dieses Buch wurde aus eigener Erfahrung mit Krankheit und Ernährung geschrieben und ich habe schon immer das Zubereiten guter Speisen geschätzt. Wenn Sie nicht so geübt sind im Kochen, empfiehlt sich ein Kurs bei Ernährungsberatern oder Diätologen, die Ihnen die Grundlagen der Kochmethoden sowie die richtige Verarbeitung der Zutaten vermitteln können. Anhand der Lebensmittellisten aus diesem Buch können Sie weitere Rezepte entwickeln und entdecken.

Quelle:
Die Listen werden aus der EBNS-Datenbank für die Ernährungsberatung generiert. Die Datenbank wird von Ernährungsberater, Therapeuten und Ärzte für die Beratung der Patienten/Klienten verwendet und ermöglicht eine Kombination mehrerer Syndrome.

Literaturliste:
Wir haben die Unterlagen als Wissensbasis genutzt und an unsere Erfahrungen angepasst und ergänzt.
www.ebns.at

Herstellung und Verlag:
BoD – Books on Demand, Norderstedt
ISBN: 9783741285837

DIÄTETIK - Ernährung von Kindern und Jugendlichen
(Buch: 004)

1 Ernährung von Kindern und Jugendlichen 1
   1.1 Vorwort 4
   1.2 Beschreibung 7
   1.3 Therapiestrategie 8
   1.4 Vermeiden 8
2 Speiseplan 8
   2.1 Frühstück 8
   2.2 Jause 9
   2.3 Mittag 9
   2.4 Nachmittag 10
   2.5 Abend 11
3 Rezepte 12
   3.1 Andalusischer Fischtopf 12
   3.2 Avocado mit Zitrone 13
   3.3 Bananen-Sojamilch 13
   3.4 Bandnudeln mit Blattspinat 14
   3.5 Bärlauch-Pesto 15
   3.6 Basmatireis + Zucchini-Tofupfanne 15
   3.7 Bircher Müsli 16
   3.8 Blattsalat mit Frischkäse 17
   3.9 Brokkoli-Parmesan-Aufstrich auf Toastbrot 18
   3.10 Champignonreis 18
   3.11 Champignonsalat mit Kresse 19
   3.12 Couscous-Salat 20
   3.13 Dinkel mit Obst und Nüssen 21
   3.14 Ente mit Mungbohnen 22
   3.15 Exotisches Linsengericht 23
   3.16 Feigen mit Mozzarella und Honig 24
   3.17 Fenchel mit gerösteten Walnüssen 25
   3.18 Fenchel-Kartoffel-Auflauf 26
   3.19 Fenchel-Reissuppe 27
   3.20 Fischsuppe mit Rosmarin 27
   3.21 Frischkäseersatz 28
   3.22 Frühlingssalat 29
   3.23 Gegrillte Tomaten mit Käsefüllung 29
   3.24 Gekochter Selleriesalat mit exotischen Gewürzen 30
   3.25 Gelbe Linsensuppe 31
   3.26 Gemüseeintopf mit provenzalischer Pistou 32
   3.27 Gemüsenudeln mit Tomatensugo 33
   3.28 Gemüsereis 34

3.29	Geröstete Hirse mit Stangensellerie	35
3.30	Gerstenbratlinge	36
3.31	Geschnetzeltes mit Zucchini	37
3.32	Gewürzkuchen mit Datteln	38
3.33	Grießbrei mit Banane	39
3.34	Grießklößchensuppe	39
3.35	Grießschnitten	40
3.36	Grundrezept für eine Fischbrühe	41
3.37	Grundrezept für eine Hühnerbrühe (wärmend)	42
3.38	Grundrezept für eine nahrhafte Gemüsebrühe	42
3.39	Grundrezept für eine Reissuppe (Congee)	43
3.40	Grundrezept für eine Rinderbrühe (klar)	44
3.41	Heilbutt mit Tomaten-Knoblauch-Soße	45
3.42	Herzhaftes Winterfrühstück	46
3.43	Honigmilch	47
3.44	Hühnersuppe mit Eigelb und Petersilie	47
3.45	Hüttenkäse mit gedünstetem Obst	48
3.46	Joghurt mit Honig und Nüssen	48
3.47	Karotten-Kartoffel-Rucola Brötchen	49
3.48	Karotten-Risotto	49
3.49	Karottenrohkost	50
3.50	Kartoffelcreme mit Kräuter-Frischkäse	51
3.51	Kartoffeln mit Bärlauch-Quark	52
3.52	Kartoffeln mit Löwenzahnsalat	52
3.53	Kartoffeltaschen mit Wildkräutern an Tomatensoße	53
3.54	Kürbisklößchen mit Tomaten-Petersiliensoße	54
3.55	Kürbisschnitzel mit Gewürzreis	55
3.56	Lachs auf Tomaten-Spinat	57
3.57	Lasagne mit Tofucreme	58
3.58	Lauch-Kartoffel-Gratin	58
3.59	Linsen-Kastanien-Suppe mit Curry	59
3.60	Marinierter Kabeljau auf Kürbispüree	60
3.61	Misosuppe mit Tofu	61
3.62	Nudeln mit Putenfleisch und Ananas	62
3.63	Nudelsuppe	63
3.64	Ofenkartoffeln mit Sellerie-Quark	64
3.65	Palatschinken mit Spinat und Parmesan	65
3.66	Pikante Avocadocreme mit Hüttenkäse	66
3.67	Pikante Tofu-Gemüse-Pfanne	67
3.68	Putenbrust mit Gemüse (asiatisch)	68
3.69	Quarkknödel auf Erdbeermus	69
3.70	Reis-Congee mit Hühnerleber und Bocksdornfrüchten	69
3.71	Rindfleisch-Kürbis-Gemüse-Eintopf	70

3.72	Rührei mit Blattsalat-Oliven-Tomaten	71
3.73	Rührei mit Rucola und Kräutern	72
3.74	Schwarzwurzel mit Joghurt	72
3.75	Selleriesuppe	73
3.76	Steinpilz-Räuchertofu-Aufstrich auf Toastbrot	74
3.77	Tomaten mit Mozzarella	75
3.78	Überbackenes Chicoréegemüse	75
3.79	Vanillepudding	76
3.80	Vegetarischer Gemüse-Getreide-Kartoffelbrei	77
3.81	Weizengrießklößchen mit Olivenkräutersoße und Salat	77
3.82	Zucchini mit Basilikum-Pesto	78
3.83	Zuckererbsensuppe mit Garnelen	79
4	Wirkung der Lebensmittel	80
4.1	Zutaten verwenden: empfehlenswert	80
4.2	Zutaten verwenden: ja	81
4.3	Zutaten verwenden: wenig	87
4.4	Kontraindikativ wirkende Lebensmittel nicht verwenden	88
5	Komplementär	89
5.1	Heil-Tee (Aufguss)	89
5.1.1	Spitzwegerich	89
5.2	Komplementäre Anwendung	89
5.2.1	Bewusstseinsbildung	89
5.3	Pulver	89
5.3.1	Acerola	89
6	Grundlagen der Ernährung	91
6.1	Ernährung	91
6.2	Rezepte	93
6.3	Lebensmittel	94
6.4	Kräuter	95
7	Weitere Ernährungsvorschläge	96

1.1 Vorwort

Die Weltgesundheitsorganisation (WHO) davon spricht, dass bis zu 80% der Erkrankungen durch äußere Faktoren wie Ernährung, Lebensstil, Umweltgifte und dergleichen beeinflusst werden.

Welche Faktoren also jeder einzelne von uns aktiv beeinflussen kann und somit seine Chancen auf Erhöhung der allgemein Gesundheit erzielen kann, darum geht es auf den folgenden Seiten.
Der Fokus in diesem Buch liegt auf dem Faktor mit der größten Hebelwirkung - der Ernährung.

Schon Hippokrates hat einst gesagt "Lass die Nahrung deine Medizin sein und Medizin deine Nahrung!" Kräuterpädagog:innen heute sagen so: "Es gibt für jede Krankheit das richtige Kraut."

Egal wie wir es drehen und wenden, wir sind was wir essen (und was unser Essen gegessen hat). Der moderne Mensch sieht sich gerne isoliert von seiner Umwelt. Wir entstehen aus unserer Umwelt, wir leben inmitten von ihr und wenn wir sterben gehen wir wieder in unsere Umwelt über. Während wir leben essen wir das, was in unserer Umwelt wächst (oder in Fabriken chemisch erzeugt wird). Diese Nahrung liefert die Energie und Bausteine, für den eigenen Körper, für den Stoffwechsel, Zellerneuerung, den Hormonhaushalt und damit für unser gesamtes Sein, die Gesundheit und unser Empfinden.

Hier ein paar Grundbausteine, bevor in dem Buch noch näher auf Ernährungsfaktoren eingegangen wird, die sozusagen der kleinste gemeinsame Nenner der meisten Ernährungsphilosophien sind:

- Saisonalität
    - Winterpflanzen, wie zum Beispiel verschiedene Kohlgewächse, versorgen uns mit Unmengen von Vitamin C und Bitterstoffen. Zwei Faktoren, die unser Immunsystem bei der Abwehr von der Kälte und den typischen Infekten in der Winterzeit unterstützen.
    - Sommerpflanzen wie zum Beispiel Gurken, Tomaten aber auch Zitrusfrüchte kühlen unseren aufgeheizten Körper und versorgen uns mit viel Wasser.
    - Außerdem müssen bei saisonalen Pflanzen weniger chemische Helferlein eingesetzt werden, da die passenden Umweltfaktoren das Wachstum sowieso fördern.

- Regionalität
    - Damit einher geht auch der Faktor der Regionalität. Regionale pflanzliche Lebensmittel werden reif geerntet und haben somit alle Nährstoffe entwickeln können. Im Gegensatz dazu wird Obst und Gemüse aus ferneren Ländern unreif geerntet und nur durch den Einsatz von chemischen Mitteln unnatürlich "nachgereift" - bzw. nur nach-gefärbt. Die Dichte der Nährstoffe und auch der Geschmack kann dabei niemals mit regionalen

Lebensmitteln mithalten. (Sie haben es vielleicht schon selber erlebt, dass eine Südfrucht aus dem jeweiligen Ursprungsland dort im Urlaub viel süßer und vollmundiger schmeckt als die gleiche Frucht aus dem zentraleuropäischen Supermarkt).

- Pflanzenbasierte Ernährung
  - Ja, diese Basis teilen selbst die Anhänger der Fleischdiät mit den Veganern. Denn bei der Fleischdiät geht es auch um Fleisch von Tieren, die sich artgerecht, sprich von vielen Gräsern und Kräutern ernährt haben. Die Masse an Getreide in der heutigen Ernährung - egal ob bei Mensch oder Tier - entspricht nicht der natürlichen Ernährungsweise. Sie macht uns krank, dick und manche behaupten sogar dumm (das weist auf die Schädigung der neuronalen Netzwerke hin, die durch den Konsum von Kohlenhydraten passiert hin). Pflanzen im Sinne von Gemüse, Kräutern, Salaten, Sprossen, in geringen Mengen Obst, Nüsse, Samen, etc. liefern neben den viel beschriebenen Vitaminen und Mineralstoffen vor allem sekundäre Pflanzenstoffe, die herausragende Heilwirkung haben. So werden eine Vielzahl unserer Medikamente auf Basis der natürlich vorkommenden Pflanzenstoffe nachgebaut. Allerdings sind da diverse Säuren und andere Wirkstoffe extrahiert und wirken nur alleine - mit den Pflanzen selbst nehmen wir sie in einer reichhaltigen und sich gegenseitig verstärkenden Kombination vielerlei wirksamer Stoffe zu uns.

Ja zusätzlich zu diesen 3 großen Punkten gibt es immer noch sehr viel zu beachten. Ein optimales Verhältnis von Omega 3 zu Omega 6 Fettsäuren (empfohlen wird 1:3), eine individuell und situationsbedingte Eiweißversorgung und so weiter.

Eine ganz gute und einfache Richtlinie für die alltägliche Ernährung bietet der ideale Teller. Der sieht so aus, dass möglichst jede Mahlzeit zur Hälfte aus pflanzlichen Bestandteilen besteht, ein Viertel der Eiweißversorgung dient und ein Viertel die Mahlzeit durch gute Fette und eventuell Kohlenhydrate abrundet.

Die Feinjustierung rund um die Zubereitungsarten, die Zusammenstellungen und so weiter sehe ich als sehr individuell an. Es gibt meines Erachtens nicht die 1 perfekte Ernährung. Es gibt so viele großartige Philosophien und Studien, die alle wunderbare Heilungen berichten und sich dabei aber gegenseitig ausschließen. Was auf den ersten Blick vielleicht paradox wirkt, eröffnet bei näherer Betrachtung ganz viele Möglichkeiten des Probierens und neuer Chancen.

Neben der Ernährung werden noch folgende Faktoren genannt:
- die Giftstoffbelastung in unserer Umwelt sowie in Pflegeprodukten oder eben in der Ernährung
- eine Balance aus Aktivität, (kurzzeitigem) Stress und der Entspannung wie auch Schlaf
- Aufarbeitung der emotionalen Wunden aus der Vergangenheit und Steigerung der Resilienz
- Biologische Zahnheilkunde
- eine optimierte Versorgung durch Heilkräuter, Heilpilze udgl.
- Früherkennung durch bewährte und schonende Verfahren

1.2 Beschreibung

Gesundes und abwechslungsreiches Essen, in der Kindheit angefangen und im gesamten Leben fortgesetzt, ist die beste Voraussetzung, um verschiedenen Zivilisationskrankheiten vorzubeugen. Energiebedarf: Durch intensiven Stoffwechsel höher als bei Erwachsenen, Energiebedarf kann stark schwanken - sportlich Aktive brauchen mehr Energie! Kinder essen auch innerhalb einer Altersgruppe nicht gleich viel, Optimaler Ernährungszustand in der Wachstumsphase wichtig!

Richtwerte für Energiezufuhr/Tag
1-3 Jahre 1.300 kcal
4-7 Jahre 1.800 kcal
7-10 Jahre 2.000 kcal
10-13 Jahre Knabe 2.250 kcal
    Mädchen 2.150 kcal
13-15 Jahre Knabe 2.500 kcal
    Mädchen 2.300 kcal
15-19 Jahre Knabe 3.000 kcal
    Mädchen 2.400 kcal.

1.3 Therapiestrategie

Empfohlen werden Lebensmittel mit einer hohen Nährstoffdichte (d.h. einem bezogen auf den Energiegehalt, hohen Gehalt an Vitaminen, Mineralstoffen und Spurenelementen). Diese Lebensmittel sollten etwa 90% des Energie- und Nährstoffbedarfs decken. ca. 2150 kcal/Tag. Vollkornbrot, Nudeln, Kartoffeln, Reis, Kalzium, Eisen und Jod, Getreide, Nüsse, Obst, Gemüse.
Kinder und Jugendliche benötigen oft mehr Mahlzeiten als Erwachsene und sollten etwa fünf Mal am Tag essen.

1.4 Vermeiden

Einseitige Ernährung, fettreiche Lebensmittel, Geschmacksverstärker, Süßwaren.

2 Speiseplan

Kkal. p. Portion

2.1 Frühstück

Avocado mit Zitrone	289,6
Bananen-Sojamilch	125,8
Bircher Müsli	384,0
Brokkoli-Parmesan-Aufstrich auf Toastbrot	148,0
Couscous-Salat	338,2
Dinkel mit Obst und Nüssen	289,7
Frischkäseersatz	526,0
Gemüsenudeln mit Tomatensugo	561,8
Gemüsereis	303,8
Gewürzkuchen mit Datteln	807,7
Grießbrei mit Banane	307,3
Herzhaftes Winterfrühstück	678,0
Hüttenkäse mit gedünstetem Obst	214,5
Joghurt mit Honig und Nüssen	258,0
Karotten-Risotto	308,5
Kartoffelcreme mit Kräuter-Frischkäse	217,0
Pikante Avocadocreme mit Hüttenkäse	613,8
Quarkknödel auf Erdbeermus	553,3
Rührei mit Blattsalat-Oliven-Tomaten	419,7
Rührei mit Rucola und Kräutern	360,0

Steinpilz-Räuchertofu-Aufstrich auf Toastbrot 169,1
Vanillepudding 254,7

2.2 Jause

Feigen mit Mozzarella und Honig 415,9
Gewürzkuchen mit Datteln 807,7
Grießschnitten 332,0
Karotten-Kartoffel-Rucola Brötchen 94,0
Karottenrohkost 74,0

2.3 Mittag

Andalusischer Fischtopf 348,0
Avocado mit Zitrone 289,6
Bananen-Sojamilch 125,8
Bandnudeln mit Blattspinat 722,8
Bärlauch-Pesto 795,5
Basmatireis + Zucchini-Tofupfanne 145,9
Bircher Müsli 384,0
Blattsalat mit Frischkäse 802,0
Brokkoli-Parmesan-Aufstrich auf Toastbrot 148,0
Champignonreis 410,0
Champignonsalat mit Kresse 220,0
Couscous-Salat 338,2
Ente mit Mungbohnen 746,7
Exotisches Linsengericht 143,8
Fenchel mit gerösteten Walnüssen 341,7
Fenchel-Reissuppe 155,9
Fischsuppe mit Rosmarin 271,3
Frischkäseersatz 526,0
Frühlingssalat 162,0
Gegrillte Tomaten mit Käsefüllung 469,5
Gekochter Selleriesalat mit exotischen Gewürzen 165,1
Gelbe Linsensuppe 155,1
Gemüseeintopf mit provenzalischer Pistou 137,9
Gemüsenudeln mit Tomatensugo 561,8
Geröstete Hirse mit Stangensellerie 400,1
Gerstenbratlinge 398,0
Grießbrei mit Banane 307,3
Grießklößchensuppe 287,0
Heilbutt mit Tomaten-Knoblauch-Soße 319,1
Hühnersuppe mit Eigelb und Petersilie 117,8
Hüttenkäse mit gedünstetem Obst 214,5

Joghurt mit Honig und Nüssen 258,0
Karotten-Kartoffel-Rucola Brötchen 94,0
Karotten-Risotto 308,5
Kartoffelcreme mit Kräuter-Frischkäse 217,0
Kartoffeln mit Bärlauch-Quark 254,3
Kartoffeln mit Löwenzahnsalat 162,1
Kartoffeltaschen mit Wildkräutern an Tomatensoße 417,6
Kürbisklößchen mit Tomaten-Petersiliensoße 380,5
Kürbisschnitzel mit Gewürzreis 438,0
Lachs auf Tomaten-Spinat 364,8
Lasagne mit Tofucreme 300,5
Lauch-Kartoffel-Gratin 368,6
Linsen-Kastanien-Suppe mit Curry 175,0
Marinierter Kabeljau auf Kürbispüree 201,6
Misosuppe mit Tofu 51,0
Nudeln mit Putenfleisch und Ananas 291,8
Ofenkartoffeln mit Sellerie-Quark 304,0
Palatschinken mit Spinat und Parmesan 329,7
Pikante Avocadocreme mit Hüttenkäse 613,8
Pikante Tofu-Gemüse-Pfanne 241,4
Putenbrust mit Gemüse (asiatisch) 535,0
Quarkknödel auf Erdbeermus 553,3
Reis-Congee mit Hühnerleber und Bocksdornfrüchten 175,8
Rindfleisch-Kürbis-Gemüse-Eintopf 367,9
Rührei mit Blattsalat-Oliven-Tomaten 419,7
Rührei mit Rucola und Kräutern 360,0
Schwarzwurzel mit Joghurt 319,2
Steinpilz-Räuchertofu-Aufstrich auf Toastbrot 169,1
Tomaten mit Mozzarella 436,2
Überbackenes Chicoréegemüse 230,9
Vegetarischer Gemüse-Getreide-Kartoffelbrei 91,0
Weizengrießklößchen mit Olivenkräutersoße und Salat 244,8
Zucchini mit Basilikum-Pesto 467,7
Zuckererbsensuppe mit Garnelen 215,4

2.4 Nachmittag

Feigen mit Mozzarella und Honig 415,9
Gewürzkuchen mit Datteln 807,7
Grießschnitten 332,0
Karotten-Kartoffel-Rucola Brötchen 94,0
Karottenrohkost 74,0
Vanillepudding 254,7

2.5 Abend

Avocado mit Zitrone 289,6
Basmatireis + Zucchini-Tofupfanne 145,9
Champignonsalat mit Kresse 220,0
Exotisches Linsengericht 143,8
Fenchel mit gerösteten Walnüssen 341,7
Fenchel-Kartoffel-Auflauf 147,0
Fenchel-Reissuppe 155,9
Fischsuppe mit Rosmarin 271,3
Gekochter Selleriesalat mit exotischen Gewürzen 165,1
Gelbe Linsensuppe 155,1
Gemüseeintopf mit provenzalischer Pistou 137,9
Grießbrei mit Banane 307,3
Grießklößchensuppe 287,0
Heilbutt mit Tomaten-Knoblauch-Soße 319,1
Honigmilch 88,0
Lauch-Kartoffel-Gratin 368,6
Linsen-Kastanien-Suppe mit Curry 175,0
Marinierter Kabeljau auf Kürbispüree 201,6
Misosuppe mit Tofu 51,0
Nudeln mit Putenfleisch und Ananas 291,8
Nudelsuppe 236,8
Ofenkartoffeln mit Sellerie-Quark 304,0
Pikante Tofu-Gemüse-Pfanne 241,4
Reis-Congee mit Hühnerleber und Bocksdornfrüchten 175,8
Schwarzwurzel mit Joghurt 319,2
Selleriesuppe 101,2
Überbackenes Chicoréegemüse 230,9
Vegetarischer Gemüse-Getreide-Kartoffelbrei 91,0
Weizengrießklößchen mit Olivenkräutersoße und Salat 244,8

3 Rezepte

empfehlenswert = Sie können mehr verwenden
wenig = wenn möglich weniger verwenden
weniger als angegeben = möglichst nicht verwenden

3.1 Andalusischer Fischtopf

Stärkt Immunsystem, beugt Krebs vor, löst Stagnation, fördert Gewichtsabnahme, regt Appetit an. Gut bei Abwehrschwäche, Appetitlosigkeit, Blähungen, Depressionen, Diabetes, Durchfall.

Anzahl Portionen: 4
Kalorien p. Portion 348
Gramm p. Portion 355,05
Kochdauer ca. 30 Min.
Allergene: ADLO
(Kohlehydrat:71,39% / Eiweiß & Fett:28,61%)
100g.≈ Eiweiß 20,04g. Fett:6,52g.
µg. - Ph:15,55 Na:20,18 Ka:34,69 Mg:13,44 Ca:42,9 Fe:0,13 Zn:0,02 Col.:0,79 Hsr.:9,89

Zutaten:
Grundrezept für eine Gemüsebrühe nahrhaft 500 ml. / 500g. (ja)
Zwiebel Frühlingszwiebel 2 Stück / 40g. (ja)
Olivenöl 1 EL / 20g. (ja)
Zitrone Schale 1/2 Stück / 3g. (ja)
Lorbeerblatt 1 Stück / 1g. (ja)
Kartoffel 200 g / 200g. (ja)
Kabeljau 300 g. / 300g. (empfehlenswert)
Weißwein 4 EL / 80g. (wenig)
Zitrone Saft 1/2 EL / 10g. (ja)
Salz 1 Prise / 1g. (wenig)
Pfeffer gemahlen 1 Prise / 0,2g. ()
Petersilie 1 EL / 15g. (ja)
Weißbrot (Weizenbrot) 8 Scheiben / 250g. (wenig)

Kochanleitung:
Gemüsebrühe mit kleingeschnittenen Frühlingszwiebeln, Olivenöl, abgeriebener Zitronenschale und Lorbeerblatt zum Kochen bringen und zugedeckt 10 Min. kochen. Geschälte, kleingewürfelte Kartoffeln zufügen und in ca. 8 Min. fast weich kochen. Fischstücke und Weißwein zugeben und den Herd auf kleine Stufe schalten. In der leicht kochenden Brühe den Fisch in wenigen Minuten gar ziehen lassen. Mit Zitronensaft, Salz und Pfeffer abschmecken und mit Petersilie bestreut servieren. Als Beilage Weißbrot dazu reichen.

3.2 Avocado mit Zitrone

Gut bei Schlafstörungen, Entzündungen, Schwellungen, Schmerzen und Juckreiz, beruhigend.

Anzahl Portionen: 1
Kalorien p. Portion 290
Gramm p. Portion 131
Kochdauer ca. 5 Min.
Allergene:
(Kohlehydrat:16,54% / Eiweiß & Fett:83,46%)
100g.≈ Eiweiß 2,34g. Fett:28,24g.
µg. - Ph:37,02 Na:5,87 Ka:469,27 Mg:29,31 Ca:11,83 Fe:0,59 Zn:0,38 Col.:0 Hsr.:29,01

Zutaten:
Avocado 1/2 Stück / 120g. (ja)
Zitrone Saft 1/2 Stück / 10g. (ja)
Salz 1 Prise / 1g. (wenig)

Kochanleitung:
Avocado halbieren, Kern entfernen, Zitronensaft hineingießen, salzen und auslöffeln.

3.3 Bananen-Sojamilch

Gut bei Appetitlosigkeit, Mundschleimhautentzündung. Stärkt Körperenergie, fördert Verdauung, lindert Schmerzen, entgiftet, bakterizid.

Anzahl Portionen: 2
Kalorien p. Portion 126
Gramm p. Portion 263
Kochdauer ca. 5 Min.
Allergene: E
(Kohlehydrat:59,53% / Eiweiß & Fett:40,47%)
100g.≈ Eiweiß 7,49g. Fett:4,14g.
µg. - Ph:21,94 Na:251,11 Ka:110,08 Mg:13,31 Ca:9,78 Fe:0,4 Zn:0,11 Col.:0 Hsr.:33,68

Zutaten:
Banane 1 Stück / 120g. (ja)
Sojabohnenmilch 400 ml. / 400g. (ja)
Honig 1 TL / 3g. (ja)
Zimtpulver 1 Prise / 1g. (ja)
Acerola Fruchtnektar oder Pulver 1 TL / 2g. (ja)

Kochanleitung:
Banane in Stücke schneiden, mit Sojamilch, Acerola, Honig und Zimt mit dem Mixstab pürieren.

3.4 Bandnudeln mit Blattspinat

Fördert Verdauung und Durchblutung, stärkt Magen und Darm, verbessert Bauchspeicheldrüsenfunktion. Gut bei Appetitlosigkeit, Blähungen, Darmentzündungen, Fettsucht, Magengeschwüren, Magenkrämpfen, Rheuma, Sodbrennen, Zwölffingerdarmgeschwüren.

Anzahl Portionen: 2
Kalorien p. Portion 723
Gramm p. Portion 317,5
Kochdauer ca. 45 Min.
Allergene: ACG
(Kohlehydrat:59,52% / Eiweiß & Fett:40,48%)
100g.≈ Eiweiß 22,78g. Fett:36,63g.
µg. - Ph:63,29 Na:34,15 Ka:107,6 Mg:22,1 Ca:56,13 Fe:0,98 Zn:0,22 Col.:8,06 Hsr.:39,35

Zutaten:
Spinat 250 g. / 250g. (ja)
Salz 1 Prise / 1g. (wenig)
Nudeln (Weizen, Bandnudeln) mit Ei 200 g. / 200g. (ja)
Olivenöl 1 EL / 15g. (ja)
Zwiebel Frühlingszwiebel 1 Stück / 20g. (ja)
Sahne, süß 30% 100 ml. / 100g. (wenig)
Creme fraiche 1/2 EL / 6g. (ja)
Thymian getrocknet 1/2 TL / 2g. (ja)
Basilikum (frisch) 1/2 TL / 2g. (ja)
Oregano getrocknet 1/2 TL / 2g. (ja)
Muskatnuss 1 Prise / 0,5g. (ja)
Pfeffer gemahlen 1 Prise / 0,5g. ()
Parmesan 20 g. / 20g. (ja)
Pinienkerne 1 EL / 15g. (ja)
Schwarzkümmel 1 Prise / 1g. (ja)

Kochanleitung:
In einem geschlossenen Topf den tropfnassen Spinat mit etwas Salz 3 Min. zusammenfallen und in einem Sieb abtropfen lassen. Danach fein schneiden. Bandnudeln in reichlich Salzwasser bissfest kochen. Öl in einer beschichteten Pfanne erhitzen und in Ringe geschnittene Jungzwiebeln darin weich dünsten. Sahne, Crème fraîche, Thymian, Basilikum, Oregano und Muskat dazugeben. Die Soße unter Rühren etwas einkochen lassen, Spinat untermischen und kurz erhitzen und mit Muskat, Salz und Pfeffer abschmecken. Nudeln abgießen und abtropfen lassen und mit dem Spinat vermischen. Bei Bedarf mit Salz und Pfeffer nachwürzen. Nudeln portionieren und mit Parmesan und Pinienkernen anrichten. Den Schwarzkümmel drüberstreuen.

3.5 Bärlauch-Pesto

Verbessert die Fließeigenschaften des Blutes, hat hohen Vitamin-C-Gehalt, reinigt Magen und Blut, gut bei Arteriosklerose und Bluthochdruck.

Anzahl Portionen: 2
Kalorien p. Portion 796
Gramm p. Portion 165,65
Kochdauer ca. 10 Min.
Allergene: G
(Kohlehydrat:4,31% / Eiweiß & Fett:95,69%)
100g.≈ Eiweiß 14,02g. Fett:82,66g.
µg. - Ph:81,99 Na:64,48 Ka:108,53 Mg:26,4 Ca:78,93 Fe:1,31 Zn:0,29 Col.:1,95 Hsr.:2,53

Zutaten:
Bärlauch (Knoblauchspinat) 125 g. / 125g. (ja)
Parmesan 30 g. / 30g. (ja)
Pinienkerne 50 g. / 50g. (ja)
Olivenöl 125 g. / 125g. (ja)
Salz 1 Prise / 1g. (wenig)
Pfeffer gemahlen 1 Prise / 0,3g. ()

Kochanleitung:
Frischer Bärlauch: Bärlauchblätter waschen, vorsichtig abtrocknen und in feine Streifen schneiden. Getrockneter Bärlauch: ca. 80 g in 40 ml Wasser 10 Min. quellen lassen. Pinienkerne vorsichtig hellbraun anrösten und mit einem großen Messer sehr fein schneiden oder in einer Mühle reiben. Einige der Kerne zum Garnieren aufheben. Alle Zutaten in ein hohes Gefäß geben und mit einem Mixstab zerkleinern und vermischen. Das Pesto in eine Schüssel oder in ein Glas füllen und im Kühlschrank aufbewahren (Tage bis Wochen haltbar). Man kann Bärlauch-Pesto als Soße zu Spaghetti essen; es schmeckt aber auch zu Kartoffeln oder auf Brot sehr gut.

3.6 Basmatireis + Zucchini-Tofupfanne

Harntreibend, harmonisiert Milz und Magen, lindert Blähungen. Gut bei Übergewicht und Bluthochdruck, reduziert Blutfett, stärkt Magen.

Anzahl Portionen: 4
Kalorien p. Portion 146
Gramm p. Portion 306,75
Kochdauer ca. 20 min.
Allergene: E
(Kohlehydrat:56,62% / Eiweiß & Fett:43,38%)
100g.≈ Eiweiß 7,95g. Fett:4,89g.
µg. - Ph:13,21 Na:0,7 Ka:33,77 Mg:10,99 Ca:11,98 Fe:0,34 Zn:0,02 Col.:0 Hsr.:7,75

Zutaten:
Soja Tofu 250 g. / 250g. (ja)
Olivenöl 2 EL / 6g. (ja)
Koriander 1/2 TL / 4g. (ja)
Ingwer frisch 1/2 TL / 4g. (ja)
Reis Basmatireis 1/2 Tasse / 60g. (ja)
Wasser 3 Tassen / 200g. (ja)
Zucchini 1 Stück / 700g. (empfehlenswert)

Kochanleitung:
Tofu würfelig schneiden und mit Olivenöl, Tamari, zerstoßenem Koriander und Ingwer marinieren und mindestens 1 Std. ziehen lassen. Basmatireis im Wasser kochen und evtl. mit Zwiebel und Kardamom würzen. Zucchini und Tofu in einer Pfanne in heißem Öl ca. 5-7 Min. rösten und auf Tellern getrennt vom Reis anrichten. Petersilie drüberstreuen. Kann auch kalt als Salat für zuhause oder unterwegs verwendet werden.

3.7 Bircher Müsli

Ballaststoffreich, verdauungsregulierend, lindert Verstopfung, stärkt Magen und Abwehrkraft, fördert Gewichtsabnahme, gut bei Abwehrschwäche und Appetitlosigkeit.

Anzahl Portionen: 1
Kalorien p. Portion 384
Gramm p. Portion 311
Kochdauer ca. 2 Stunden
Allergene: AGH
(Kohlenhydrat:69,38% / Eiweiß & Fett:30,62%)
100g.≈ Eiweiß 9,57g. Fett:13,23g.
µg. - Ph:87,92 Na:21,96 Ka:193,37 Mg:28,41 Ca:51,47 Fe:0,78 Zn:0,5 Col.:3,6 Hsr.:26,51

Zutaten:
Müsli 2 EL / 20g. (empfehlenswert)
Hafer Flocken (Vollkorn) 2 EL / 20g. (empfehlenswert)
Joghurt (natur, 3,5 % Fett) 6 EL / 80g. (ja)
Zitrone 1 EL / 10g. (ja)
Acerola Fruchtnektar oder Pulver 1/2 TL / 1g. (ja)
Apfel (sauer) 1 Stück / 170g. (empfehlenswert)
Haselnüsse 1 EL / 10g. (ja)

Kochanleitung:
Haferflocken in Joghurt einrühren und für einige Stunden (oder über

Nacht) in den Kühlschrank stellen. Zum Süßen können Rosinen mit dazu gegeben werden. Dann die geriebenen Nüsse, den Zitronensaft, Acerola und geriebenen Apfel untermengen.

3.8 Blattsalat mit Frischkäse

Die Bitterstoffe besitzen eine galle- und harntreibende Wirkung und fördern die Durchblutung im Verdauungstrakt mit deutlicher Verbesserung der gesamten Verdauungsfunktion. Senf verbessert Schilddrüsenfunktion und lindert rheumatische Beschwerden.

Anzahl Portionen: 1
Kalorien p. Portion 802
Gramm p. Portion 260,5
Kochdauer ca. 5 min.
Allergene: AFM
(Kohlehydrat:20,86% / Eiweiß & Fett:79,14%)
100g.≈ Eiweiß 22,11g. Fett:52,98g.
µg. - Ph:138,56 Na:312,5 Ka:257,23 Mg:28,83 Ca:84,45 Fe:0,54 Zn:0,48 Col.:0,06 Hsr.:14,62

Zutaten:
Blattsalate (bitter) 2 Portionen / 60g. (empfehlenswert)
Frischkäse aus Soja 150 g. / 150g. (ja)
Senf 1 Messerspitze / 1g. (ja)
Zitrone Saft 1 Schuss / 3g. (ja)
Salz 1 Prise / 1g. (wenig)
Pfeffer gemahlen 1 Prise / 0,5g. ()
Kräuter verschiedene 2 TL / 4g. (ja)
Schwarzkümmel 1 Prise / 1g. (ja)
Vollkornbrot 2 Scheiben / 40g. (empfehlenswert)

Kochanleitung:
Blattsalat waschen und klein zupfen. 150 g Frischkäse, etwas Senf, einen Spritzer Zitronensaft, 1 Zehe Knoblauch, gehackte frische Kräuter, eine Prise Pfeffer und zerstoßenen Schwarzkümmel verrühren und über den Salat geben. Dazu Vollkornbrot reichen.

3.9 Brokkoli-Parmesan-Aufstrich auf Toastbrot

Fördert Blutgerinnung, Schilddrüsenfunktion und Eigenaufbau von Vitamin B12. Immun- und abwehrsteigernd, löst Stagnation. Gut bei Aufstoßen, Diabetes, akuter oder chronischer Verstopfung.

Anzahl Portionen: 2
Kalorien p. Portion 148
Gramm p. Portion 170,5
Kochdauer ca. 15 Min.
Allergene: AG
(Kohlehydrat:29% / Eiweiß & Fett:71%)
100g.≈ Eiweiß 12,1g. Fett:11,33g.
µg. - Ph:34,79 Na:27,37 Ka:60,2 Mg:5,76 Ca:40,04 Fe:0,24 Zn:0,19 Col.:1,88 Hsr.:6,09

Zutaten:
Brokkoli 200 g / 200g. (empfehlenswert)
Topfen (Quark) 20% 80 g. / 80g. (empfehlenswert)
Joghurt (natur, 1,5 % Fett) 1 EL / 10g. (empfehlenswert)
Parmesan 2 EL / 15g. (ja)
Zitrone Schale 1/2 TL / 1g. (ja)
Basilikum (frisch) 1 EL / 5g. (ja)
Lauchzwiebel Schnittlauch 1 EL / 5g. (ja)
Salz 1 Prise / 1g. (wenig)
Pfeffer gemahlen 1 Prise / 0,3g. ()
Toastbrot (Vollkorn) 6 Scheiben / 24g. (ja)

Kochanleitung:
Brokkoli zugedeckt in einem Siebeinsatz über Wasserdampf in 8 Min. bissfest garen und fein hacken. Quark, Joghurt, Parmesan und Zitronenschale gut verrühren und mit dem Brokkoli, Basilikum und Schnittlauch vermischen. Den Aufstrich mit Salz und Pfeffer abschmecken und auf dem knusprig getoasteten Brot servieren.

3.10 Champignonreis

Stärkt Nieren, ist harntreibend, erwärmt den Körper von innen, erweitert die Gefäße, stärkt die Muskeln, fördert die Verdauung, kuriert Bluthochdruck, löst Stagnation, fördert Gewichtsabnahme. Gut bei Abwehrschwäche und Appetitlosigkeit.

Anzahl Portionen: 2
Kalorien p. Portion 410
Gramm p. Portion 341
Kochdauer ca. 30 Min.
Allergene: L
(Kohlehydrat:89% / Eiweiß & Fett:11%)
100g.≈ Eiweiß 10,01g. Fett:3,44g.
µg. - Ph:30,31 Na:3,54 Ka:32,26 Mg:27,24 Ca:62,74 Fe:0,37 Zn:0,16 Col.:0 Hsr.:12,22

Zutaten:
Zwiebel weiss 1 Stück / 50g. (ja)
Lorbeerblatt 2 Stück / 1g. (ja)
Nelke 2 Stück / 1g. (ja)
Grundrezept für eine Gemüsebrühe nahrhaft 400 g. / 350g. (ja)
Reis Vollkorn 200 g / 200g. (empfehlenswert)
Champignon 60 g. / 60g. (ja)
Petersilie 20 g. / 20g. (ja)
Pfeffer gemahlen 1 Prise / 0,2g. ()

Kochanleitung:
Die Nelken in die Zwiebel stecken, die Gemüsebrühe mit der Zwiebel und den Lorbeerblättern zum Kochen bringen und den Reis in die kochende Flüssigkeit geben. Temperatur auf die kleinste Stufe zurückschalten und mit geschlossenem Deckel 20-25 Min. garziehen lassen. In der Zwischenzeit die Champignons putzen, in Scheiben schneiden, mit wenig Wasser kurz andünsten oder anbraten. Die Petersilie waschen und fein hacken. Aus dem fertigen Reis die Zwiebel herausnehmen, die Champignons und die Petersilie hinzugeben und mit Pfeffer und Salz abschmecken.

3.11 Champignonsalat mit Kresse

Fördert die Durchblutung und die Verdauung, kuriert Bluthochdruck und Appetitlosigkeit.
Anzahl Portionen: 1
Kalorien p. Portion 220
Gramm p. Portion 312
Kochdauer ca. 5 Min.
Allergene: AN
(Kohlehydrat:56% / Eiweiß & Fett:44%)
100g.≈ Eiweiß 9,74g. Fett:7,08g.
µg. - Ph:105,24 Na:37,35 Ka:366,67 Mg:14,25 Ca:19,03 Fe:1,08 Zn:0,41 Col.:0,02 Hsr.:60,22

Zutaten:
Champignon 250 g. / 250g. (ja)
Sesamöl 2 EL / 6g. (empfehlenswert)
Pfeffer gemahlen 1 Prise / 0,5g. ()
Salz 1 Prise / 1g. (wenig)
Zitrone 1/2 Stück / 15g. (ja)
Paprika (Rosenpaprikapulver) 2 Prisen / 0,1g. (ja)
Kresse 2 EL / 10g. (ja)
Weißbrot (Weizenbrot) 2 Scheiben / 30g. (wenig)

Kochanleitung:
Champignons feinblättrig schneiden. Dressing: Sesamöl, etwas gemahlenen Pfeffer, Salz, reichlich Zitronensaft und Rosenpaprika gut verrühren. Über die fein geschnittenen Champignons geben und reichlich Kresse untermengen. Dazu passt: Weißbrot, Rundkornreis oder Quinoa. Zusammen mit dem Getreide ergibt der Salat eine einfache und leichte Mahlzeit.

3.12 Couscous-Salat

Bakterizid, beugt Krebs vor, stärkt Magensaftproduktion, fördert Verdauung, regt Leberfunktion an, senkt Blutdruck, stärkt Immunsystem, reduziert Strahlenverletzungen, harntreibend.
Anzahl Portionen: 3
Kalorien p. Portion 338
Gramm p. Portion 285,67
Kochdauer ca. 25 Min.
Allergene: A
(Kohlehydrat:75,44% / Eiweiß & Fett:24,56%)
100g.≈ Eiweiß 12,22g. Fett:7,11g.
µg. - Ph:15,3 Na:17,34 Ka:83,68 Mg:6,5 Ca:21,3 Fe:0,46 Zn:0,07 Col.:0 Hsr.:13,69

Zutaten:
Wasser 250 ml. / 100g. (ja)
Olivenöl 1 EL / 15g. (ja)
Couscous 200 g / 200g. (ja)
Zitrone Saft 3 EL / 30g. (ja)
Zitrone Schale 1 TL / 2g. (ja)
Tomate 2 Stück / 80g. (empfehlenswert)
Gurke 100 g. / 100g. (empfehlenswert)
Karotte (Mohrrübe, Möhre) 100 g. / 100g. (empfehlenswert)
Petersilie 1 Bund / 100g. (ja)
Lauchzwiebel Schnittlauch 1 Bund / 100g. (ja)
Pfefferminze 3 Äste / 30g. (ja)

Kochanleitung:
In einem kleinen Topf 250 ml Wasser mit Salz und 1 EL Olivenöl zum Kochen bringen. Couscous einrühren, vom Herd nehmen und zugedeckt 5 Min. quellen lassen. Couscous zurück auf den Herd stellen und bei milder Hitze weitere ca. 2 Min. unter ständigem leichten Rühren ziehen lassen. Eventuell noch 1-3 EL heißes Wasser untermischen. Couscous mit Zitronensaft, kleingehackter Zitronenschale und 1 EL Öl vermischen, mit Salz und Pfeffer abschmecken und etwas durchziehen lassen. Couscous mit gewürfelten Tomaten und Gurken, geriebenen

Karotten, Petersilie, Schnittlauch und Minze (fein gehackt) vermischen. Couscous-Salat mit Zitronensaft, Salz und Pfeffer abschmecken.

3.13 Dinkel mit Obst und Nüssen

Regt Appetit an, stoppt Durchfall, fördert Verdauung, lindert Müdigkeit, schützt vor Tumorleiden und Leukämie, wirkt förderlich bei Lebensmittelallergien, ist stoffwechselregulierend, senkt Blutzucker und Cholesterin, entzündungshemmend im Magen-Darm-Trakt.

Anzahl Portionen: 3
Kalorien p. Portion 289
Gramm p. Portion   286,33
Kochdauer ca.   1 1/2 Stunden
Allergene: AH
(Kohlehydrat:76% / Eiweiß & Fett:24%)
100g.≈ Eiweiß 8,64g. Fett:6,67g.
µg. - Ph:9,7 Na:8,81 Ka:25,53 Mg:3,53 Ca:2,83 Fe:0,14 Zn:0,02 Col.:0 Hsr.:2,96

Zutaten:
Dinkel 1 Tasse / 120g. (ja)
Wasser 1 Tasse / 50g. (ja)
Apfel (süß) 1 Stück / 220g. (empfehlenswert)
Aprikose 1 Stück / 200g. (ja)
Pfirsich 1 Stück / 120g. (empfehlenswert)
Zimtpulver 1 Prise / 1g. (ja)
Kardamom 1 Prise / 1g. (ja)
Salz 1 Prise / 1g. (wenig)
Erdbeere 1 Tasse / 120g. (empfehlenswert)
Mandelmus 1 EL / 15g. (ja)
Kakao 1 Prise / 1g. (ja)
Walnüsse 1 EL / 10g. (empfehlenswert)

Kochanleitung:
Dinkel in heißem Wasser aufsetzen und gar kochen. Danach: Süßes, kleingeschnittenes Obst (Äpfel, Aprikosen, Pfirsiche) in wenig heißem Wasser mit etwas Zimt kurz andünsten. Gemahlenen Kardamom und/oder Koriander, eine kleine Prise Salz, den gekochten Dinkel und evtl. Erdbeeren (nach Jahreszeit) dazugeben und erhitzen. Mit Kakao und gerösteten Nüssen überstreuen.

3.14 Ente mit Mungbohnen

Stärkt Blut, Magen, Milz, Leber und Immunsystem, senkt Blutdruck, ist harntreibend und bakterizid, beugt Krebs vor, reduziert Strahlenverletzungen, löst Stagnation.

Anzahl Portionen: 5
Kalorien p. Portion 747
Gramm p. Portion 354,3
Kochdauer ca. 2 Stunden
Allergene: E
(Kohlehydrat:19,51% / Eiweiß & Fett:80,49%)
100g.≈ Eiweiß 56,76g. Fett:46,02g.
µg. - Ph:40,1 Na:8,17 Ka:39,36 Mg:10,47 Ca:7,18 Fe:0,4 Zn:0,05 Col.:2,15 Hsr.:34,55

Zutaten:
Ente (Frühmastente, schlachtfrisch) 1/2 Stück / 1250g. (ja)
Zwiebel weiss 2 Stück / 120g. (ja)
Karotte (Mohrrübe, Möhre) 1 Stück / 120g. (empfehlenswert)
Knoblauch 1 Zehe / 3g. (ja)
Mungbohne 250 g. / 250g. (ja)
Pfeffer Körner 3 Stück / 2g. (ja)
Honig 1 TL / 3g. (ja)
Sojasauce 1 TL / 3g. (ja)
Zitrone Saft 1 TL / 3g. (ja)
Salz 1 Prise / 1g. (wenig)
Pfeffer gemahlen 1 Prise / 0,5g. ()
Olivenöl 1 EL / 10g. (ja)
Lorbeerblatt 2 Blätter / 2g. (ja)
Schwarzkümmel 1 Prise / 1g. (ja)
Bohnenkraut 1 TL / 2g. (empfehlenswert)

Kochanleitung:
Mungbohnen am Vortag einweichen. Die Ente kalt abspülen, das Gemüse waschen, putzen und in grobe Stücke schneiden. Das Fleisch und das Gemüse in einen Topf geben und knapp mit Wasser bedecken. Lorbeerblätter, Bohnenkraut, Beifuß und Pfefferkörner zugeben, bei mittlerer Hitze aufkochen und weitere 45 Min. kochen lassen. Ab und zu abschäumen. Die Ente aus dem Fond nehmen, erkalten lassen und über Nacht kühl aufbewahren. Die gehackten Zwiebel in einem Topf in Olivenöl anschwitzen und mit 250 ml Fond aufgießen. Das vorgekochte Gemüse und die Mungbohnen zugeben und mit Honig, Sojasoße, Zitronensaft, Salz, zerstoßenem Schwarzkümmel und Pfeffer abschmecken. Mit Reis oder Kartoffeln servieren.

3.15 Exotisches Linsengericht

Stärkt Herz und Nieren, harntreibend, beruhigt den Magen, fördert Verdauung, löst Stagnation, hilft Fett zu verdauen, senkt Blutdruck, entgiftet, stimuliert das Immunsystem.

Anzahl Portionen: 4
Kalorien p. Portion 144
Gramm p. Portion 273,38
Kochdauer ca. 45 Min.
Allergene: NO
(Kohlehydrat:71,01% / Eiweiß & Fett:28,99%)
100g.≈ Eiweiß 5,83g. Fett:3,46g.
µg. - Ph:13,56 Na:11,59 Ka:48,35 Mg:8,52 Ca:8,91 Fe:0,27 Zn:0,02 Col.:0 Hsr.:13,4

Zutaten:
Sesamöl 1 EL / 10g. (empfehlenswert)
Zwiebel weiss 2 Stück / 120g. (ja)
Ingwer frisch 1/2 TL / 2g. (ja)
Thymian getrocknet 1/2 TL / 1g. (ja)
Cumin (Kreuzkümmel) 1/2 TL / 2g. (ja)
Linsen rot 1 Tasse / 120g. (ja)
Wakame 3 cm / 1g. (ja)
Zitrone 1/2 Stück / 20g. (ja)
Bocksdornfrüchte (Fructus Lycii) getrocknet 2 Prisen / 2g. (ja)
Zucker Ursüße (Zuckerrohr) süß 1 Prise / 1g. (wenig)
Chili (Schote oder gemahlen) 1 Prise / 0,5g. (ja)
Salz 1 Prise / 1g. (wenig)
Essig (Apfelessig) 1/2 TL / 1g. (ja)
Tomate 1 Stück / 50g. (empfehlenswert)
Mangold 200 g / 200g. (ja)
Blumenkohl (Karfiol) 200 g / 200g. (empfehlenswert)
Salz 1 Prise / 1g. (wenig)
Reis Vollkorn 1/2 Tasse / 60g. (empfehlenswert)
Wasser 3 Tassen / 300g. (ja)
Salz 1 Prise / 1g. (wenig)

Kochanleitung:
Sesamöl in einem Topf erhitzen. Kleingeschnittene Zwiebeln, geriebenen Ingwer, getrockneten Thymian und reichlich Cumin zugeben und leicht anbraten. Geschälte rote Linsen, einen Streifen Wakame, etwas Zitronensaft, heißes Wasser und etwas getrocknete Bocksdornfrüchte dazugeben. 20 Min. köcheln lassen, bis die Linsen gar sind. Heißes Wasser nach Belieben nachgießen, so dass ein Brei entsteht. Vollrohrzucker, etwas Chili und Salz zufügen und mit Essig oder Zitronensaft abschmecken. Kleingeschnittene Tomate dazugeben

und einige Minuten durchziehen lassen. Den Blumenkohl in einem kleinen Topf mit 1 Tasse Wasser und etwas Salz 10 Min. weich kochen. Den Mangold in einem kleinen Topf mit 1 Tasse Wasser und Salz 3 Min. blanchieren. Reis kurz aufkochen, salzen und 10 Min. ziehen lassen. Alles zusammen mit dem Linsengericht anrichten.

3.16 Feigen mit Mozzarella und Honig

Lindert Entzündungen, Blähungen, Schmerzen und Übelkeit, entkrampfend und beruhigend, entgiftend, bakterizid, stillt Blutungen, stärkt Magen und Verdauungssystem.
Anzahl Portionen: 1
Kalorien p. Portion 416
Gramm p. Portion 248,1
Kochdauer ca. 10 Min.
Allergene: GO
(Kohlehydrat:51,96% / Eiweiß & Fett:48,04%)
100g.≈ Eiweiß 13,16g. Fett:22,64g.
µg. - Ph:84,57 Na:105,05 Ka:195,66 Mg:16,03 Ca:153,33 Fe:0,55 Zn:0,52 Col.:9,27 Hsr.:6,05

Zutaten:
Feige 4 Stück / 100g. (ja)
Mozzarella 1 Stück / 50g. (ja)
Basilikum (frisch) 1/2 Bund / 50g. (ja)
Honig 2 EL / 24g. (ja)
Pfeffer gemahlen 1 Prise / 0,1g. ()
Traubenkernöl 1 EL / 12g. (ja)
Essig Aceto Balsamico weiss 1 EL / 12g. (ja)

Kochanleitung:
Frische Feigen vierteln, Büffelmozzarella in Würfel schneiden und Basilikumblätter abzupfen. Aus hellem Balsamico-Essig, Traubenkernöl und Honig ein Dressing anrühren und abschmecken. Am Rand entsprechender Teller die Feigen platzieren. Die Mozzarellawürfel verteilen und mit schwarzem Pfeffer würzen. Reichlich ganze oder grob in Streifen geschnittene Basilikumblätter darüber verteilen und mit der Marinade benetzen. Gewürztes Pizzabrot passt hervorragend dazu.

3.17 Fenchel mit gerösteten Walnüssen

Stärkt Magen, entgiftet, lindert Entzündungen, verbessert Durchblutung, verbessert Medikamentenwirkung, regt Appetit an, antioxidativ, fördert Verdauung, regt an, löst Stagnation.

Anzahl Portionen: 4
Kalorien p. Portion 342
Gramm p. Portion 336,25
Kochdauer ca. 20 Min.
Allergene: HO
(Kohlehydrat:54,13% / Eiweiß & Fett:45,87%)
100g.≈ Eiweiß 8,8g. Fett:16,38g.
µg. - Ph:12,18 Na:13,51 Ka:80,99 Mg:8,92 Ca:17,54 Fe:0,45 Zn:0,02 Col.:0 Hsr.:3,52

Zutaten:
Fenchel 4 Stück / 800g. (empfehlenswert)
Muskatnuss 1 Prise / 1g. (ja)
Ingwer frisch 1/2 TL / 1g. (ja)
Salz 1 Prise / 1g. (wenig)
Weißwein 1/8 Liter / 125g. (wenig)
Paprika (Rosenpaprikapulver) 1 Prise / 1g. (ja)
Olivenöl 2 EL / 40g. (ja)
Walnüsse 2 EL / 35g. (empfehlenswert)
Wasser 2 Tassen / 220g. (ja)
Mais Gries (Polenta) 1 Tasse / 120g. (ja)
Salz 1 Prise / 1g. (wenig)

Kochanleitung:
Ganz wenig Wasser in einem Topf erhitzen. In Streifen geschnittenen Fenchel kurz darin andünsten. Muskat, etwas geriebenen Ingwer, Salz, einen Schuss Weißwein und Rosenpaprika zugeben und solange dünsten, bis das Gemüse gar, aber noch knackig ist. Etwas Olivenöl unterrühren und mit gerösteten Walnüssen bestreuen. Die Polenta in einen Topf mit heißem Wasser unter ständigem Rühren einrieseln lassen, bis die Polenta die gewünschte Konsistenz hat und dann salzen. Die Polenta vom Herd nehmen und ca. 10 Min. quellen lassen.

3.18 Fenchel-Kartoffel-Auflauf

Lindert Entzündungen, verbessert Durchblutung, verbessert Verdauung, harntreibend, senkt Cholesterinspiegel. Gut bei Appetitlosigkeit, Blähungen, Darmentzündungen, Sodbrennen. Stärkt Magensaftproduktion.

Anzahl Portionen: 2
Kalorien p. Portion 147
Gramm p. Portion 230,5
Kochdauer ca. 1 1/2 Stunden
Allergene: CGL
(Kohlehydrat:68% / Eiweiß & Fett:32%)
100g.≈ Eiweiß 5,72g. Fett:5,42g.
µg. - Ph:15 Na:12,98 Ka:80,91 Mg:13,52 Ca:40,41 Fe:0,41 Zn:0,09 Col.:7,81 Hsr.:3,64

Zutaten:
Fenchel 200 g. / 200g. (empfehlenswert)
Kartoffel 125 g. / 125g. (ja)
Grundrezept für eine Gemüsebrühe nahrhaft 100 ml. / 100g. (ja)
Butter Bio 1 TL / 3g. (ja)
Reismehl 2 TL / 6g. (ja)
Sahne sauer 10% 1 TL / 3g. (ja)
Salz 1 Prise / 1g. (wenig)
Zucker Ursüße (Zuckerrohr) süß 1 Prise / 1g. (wenig)
Huhn Eigelb 1 Stück / 10g. (wenig)
Pfeffer Cayenne 1 Prise / 0,5g. (ja)
Muskatnuss 1 Prise / 0,5g. (ja)
Petersilie 1 TL / 2g. (ja)
Lauchzwiebel Schnittlauch 1 TL / 3g. (ja)
Parmesan 1 TL / 3g. (ja)
Butter Bio 1 TL / 3g. (ja)

Kochanleitung:
Kartoffeln in der Schale kochen, abkühlen lassen und dann schälen. Fenchel waschen, Stiele abschneiden und evtl. äußere Blätter entfernen. Fenchelgrün zurückhalten und später mit den anderen Kräutern zur Soße geben. Fenchelknollen ca. 15-20 Min. dünsten. Danach Kartoffeln und Fenchel in Scheiben schneiden und schichtweise in eine gefettete Auflaufform geben. Flüssigkeit aus Fenchelbrühe zum Kochen bringen und mit Mehl binden. Mit Meersalz, Cayennepfeffer, Zucker, Muskat und saurer Sahne abschmecken. Abkühlen lassen und mit Eigelb legieren. Die Soße über den Auflauf verteilen, mit Parmesan, fein gehackter Petersilie und Schnittlauch bestreuen. Alles 30 Min. bei ca. 200 Grad im Backofen überbacken.

3.19 Fenchel-Reissuppe

Stärkt Magen, lindert Verstopfung, regt Nerven an, entgiftet, lindert Entzündungen, verbessert Durchblutung.
Anzahl Portionen: 2
Kalorien p. Portion 156
Gramm p. Portion 234
Kochdauer ca. 15-20 Min.
Allergene: EG
(Kohlehydrat:88,32% / Eiweiß & Fett:11,68%)
100g.≈ Eiweiß 3,57g. Fett:6,65g.
µg. - Ph:14,68 Na:32,47 Ka:82,14 Mg:105,79 Ca:110,69 Fe:0,54 Zn:0,06 Col.:1,92 Hsr.:4,9

Zutaten:
Grundrezept für eine Reissuppe (Congee) 300 ml. / 300g. (ja)
Fenchel 1/2 Stück / 150g. (empfehlenswert)
Butter Bio 1 EL / 15g. (ja)
Sojasauce 1 Schuss / 3g. (ja)

Kochanleitung:
Fenchel in der Reissuppe (nach Grundrezept) weich kochen. Vor dem Servieren ein Stück Butter und etwas Sojasoße zugeben.

3.20 Fischsuppe mit Rosmarin

Stärkt Magen, Milz und Leber, senkt Blutdruck, bakterizid, stärkt Immunsystem, beugt Krebs vor, reduziert Strahlenverletzungen, ist cholesterinarm und eiweißreich, fördert Durchblutung, regt Appetit an, antioxidativ, löst Stagnation.
Anzahl Portionen: 4
Kalorien p. Portion 271
Gramm p. Portion 284,25
Kochdauer ca. 30 Min.
Allergene: DLO
(Kohlehydrat:38,39% / Eiweiß & Fett:61,61%)
100g.≈ Eiweiß 15,39g. Fett:14,78g.
µg. - Ph:19,71 Na:7,22 Ka:47,56 Mg:3,06 Ca:5,32 Fe:0,13 Zn:0,03 Col.:0,01 Hsr.:14,36

Zutaten:
Grundrezept für eine Fischbrühe 1/2 Liter / 500g. (ja)
Rosmarin 1/2 Bund / 7g. (ja)
Zwiebel Frühlingszwiebel 1 Stück / 20g. (ja)
Olivenöl 2 EL / 35g. (ja)
Fischstücke gemischt (Süßwasser) 250 g. / 250g. (empfehlenswert)
Karotte (Mohrrübe, Möhre) 1 Stück / 120g. (empfehlenswert)
Pastinake 1 Stück / 180g. (ja)

Sellerie Knolle 1 Scheibe / 20g. (empfehlenswert)
Salz 1 Prise / 1g. (wenig)
Pfeffer Körner 2 Stück / 1g. (ja)
Knoblauch 1 Zehe / 3g. (ja)

Kochanleitung:
Zwiebel und Knoblauch in Öl glasig braten und mit Fischbrühe aufgießen. Gewürfelte Karotte, Pastinake und Sellerie hinzugeben. Mit Salz und Pfefferkörnern würzen. Die Suppe 25 Min. bei schwacher Hitze köcheln lassen. Den Fisch waschen, mit Zitronensaft beträufeln, in Stücke teilen und mit dem abgezupften Rosmarin in die Suppe geben. Alles 5 Min. bei schwacher Hitze garen. Schnittlauch und Petersilie dazugeben und die Suppe mit dem Salz abschmecken.

3.21 Frischkäseersatz

Gut bei Laktoseintoleranz. Gut bei Abwehrschwäche, Appetitlosigkeit, Arteriosklerose, Blähungen, Blasenschwäche, Blutarmut, Bluthochdruck, Depressionen, Diabetes, Durchfall. Stärkt Körperenergie, fördert Verdauung und Gewichtsabnahme.

Anzahl Portionen: 2
Kalorien p. Portion 526
Gramm p. Portion 328
Kochdauer ca. 20 Min.
Allergene: AE
(Kohlehydrat:63,78% / Eiweiß & Fett:36,22%)
100g.≈ Eiweiß 19,62g. Fett:12,76g.
µg. - Ph:65,08 Na:279,59 Ka:111,24 Mg:19,56 Ca:10,63 Fe:0,82 Zn:0,33 Col.:0 Hsr.:32,32

Zutaten:
Sojabohnenmilch 1 Liter / 300g. (ja)
Zitrone 1 Stück / 50g. (ja)
Kräuter verschiedene 2 EL / 6g. (ja)
Vollkornbrot 6 Scheiben / 300g. (empfehlenswert)

Kochanleitung:
Sojamilch in einen Topf geben, unter gelegentlichem Rühren (brennt leicht an!) zum Kochen bringen und abkühlen lassen. Zitrone auspressen, leicht unter die abgekühlte Sojamilch (ca. 80 Grad) rühren und ca. 20 Min. ruhen bzw. gerinnen lassen. Geronnene Sojamilch durch ein mit dem Geschirrtuch ausgelegtes Sieb gießen, Flüssigkeit ablaufen lassen und danach Restflüssigkeit mit dem Geschirrtuch auspressen. Nach Geschmack mit frischen Kräutern verfeinern. Dazu Vollkornbrot servieren.

3.22 Frühlingssalat

Blutbildend, blutreinigend, harntreibend, entgiftend. Senkt Blutdruck, lindert Entzündungen. Gut bei Magenbeschwerden, Verdauungsschwäche, Verstopfung, Durchfall. Hilft Fett zu verdauen.

Anzahl Portionen: 4
Kalorien p. Portion 162
Gramm p. Portion 210,25
Kochdauer ca. 10 Min.
Allergene: AEMN
(Kohlehydrat:67% / Eiweiß & Fett:33%)
100g.≈ Eiweiß 7,68g. Fett:3,57g.
µg. - Ph:3,64 Na:5,07 Ka:20,01 Mg:1,77 Ca:5,24 Fe:0,18 Zn:0,03 Col.:0 Hsr.:2

Zutaten:
Sauerampfer 150 g. / 150g. (ja)
Löwenzahn (junger) 100 g. / 100g. (ja)
Mungbohnensprossen 75 g. / 75g. (ja)
Kresse 100 g. / 100g. (ja)
Lauchzwiebel Schnittlauch 1 Bund / 50g. (ja)
Tomate 2 Stück / 100g. (empfehlenswert)
Petersilie 1 Bund / 50g. (ja)
Sesam Paste (Tahini) 2 EL / 16g. (ja)
Sojasauce 1 Schuss / 3g. (ja)
Senf 1/2 TL / 2g. (ja)
Weißbrot (Weizenbrot) 6 Scheiben / 120g. (wenig)

Kochanleitung:
Alle Salatzutaten waschen, mischen und die Soße folgendermaßen zubereiten: Tahin mit Senf, Balsamico-Essig, Tamari, Olivenöl, Schnittlauch und der Hälfte der Petersilie mischen. Die Soße über den Salat gießen und unmittelbar vor dem Servieren die restliche Petersilie drüberstreuen. Mit dem Weißbrot servieren.

3.23 Gegrillte Tomaten mit Käsefüllung

Fördert Verdauung, hilft Fett zu verdauen, harntreibend, senkt Blutdruck, regt Verdauung an.

Anzahl Portionen: 2
Kalorien p. Portion 469
Gramm p. Portion 319,5
Kochdauer ca. 30 Min.
Allergene: ACG
(Kohlehydrat:38% / Eiweiß & Fett:62%)
100g.≈ Eiweiß 18,89g. Fett:30,98g.
µg. - Ph:25,05 Na:101,57 Ka:41,33 Mg:3,14 Ca:21,11 Fe:0,17 Zn:0,12 Col.:13,64 Hsr.:4,36

Zutaten:
Tomate 8 Stück / 200g. (empfehlenswert)
Schafskäse 75 g. / 75g. (ja)
Frischkäse 75 g. / 75g. (ja)
Huhn Ei 1 Stück / 60g. (ja)
Olivenöl 1 EL / 12g. (ja)
Basilikum (frisch) 1 EL / 6g. (ja)
Salz 1 Prise / 1g. (wenig)
Pfeffer gemahlen 1 Prise / 0,5g. ()
Oliven 30 g. / 30g. (ja)
Rucola Rauke 10 dag. / 100g. ()
Weißbrot (Weizenbrot) 4 Scheiben / 80g. (wenig)

Kochanleitung:
Tomaten großzügig aushöhlen und in eine Auflaufform setzen. Käse, Olivenöl, Ei, gehackten Basilikum und Mehl verrühren, mit Salz und Pfeffer würzen und in die Tomaten füllen. Im vorgeheizten Ofen bei 210 Grad auf der mittleren Schiene 15 Min. backen, dann den Backofengrill zuschalten und weitere 3 Min. übergrillen (ohne Umluft). Die Oliven entsteinen, hacken und auf die Tomaten streuen. Tomaten mit Rucola garnieren und mit Weißbrot servieren.

3.24 Gekochter Selleriesalat mit exotischen Gewürzen

Stärkt Magen, bindet Wasser im Darm, antibakteriell, blutbildend, blutreinigend, entzündungshemmend, harntreibend, fördert Durchblutung.

Anzahl Portionen: 4
Kalorien p. Portion   165
Gramm p. Portion   341,12
Kochdauer ca.   30 Min.
Allergene: GLMNO
(Kohlehydrat:47,77% / Eiweiß & Fett:52,23%)
100g.≈ Eiweiß 5,56g. Fett:9,14g.
µg. - Ph:13,51 Na:24,66 Ka:69,44 Mg:3,02 Ca:20,16 Fe:0,1 Zn:0,01 Col.:0,2 Hsr.:12,08

Zutaten:
Sellerie Knolle 1 1/2 Stück / 900g. (empfehlenswert)
Joghurt (natur, 3,5 % Fett) 1 Becher / 250g. (ja)
Sauerrahm 15% Fett 2 EL / 20g. (ja)
Kurkuma (Gelbwurz) 1 Prise / 1g. (ja)
Sesamöl 1 EL / 20g. (empfehlenswert)
Pfeffer gemahlen 1 Prise / 0,5g. ()
Zitronengras 1 Prise / 1g. (ja)

Zwiebel weiss 1/2 Stück / 25g. (ja)
Senf 1/2 TL / 1g. (ja)
Schwarzkümmel 1 Prise / 1g. (ja)
Salz 1 Prise / 1g. (wenig)
Zitrone Saft 1 Stück / 40g. (ja)
Apfel (sauer) 1/2 Stück / 100g. (empfehlenswert)
Paprika (Rosenpaprikapulver) 1 Prise / 1g. (ja)
Essig (Apfelessig) 1 Schuss / 3g. (ja)

Kochanleitung:
Den Sellerie waschen, schälen und in dicke Scheiben schneiden. In heißem Wasser gar kochen und in längliche, mundgerechte Streifen schneiden. Dressing: Etwas Joghurt, Sauerrahm, Kurkuma, Sesamöl, Pfeffer, Zitronengraspulver, fein geschnittene Zwiebel, etwas Senf, Salz, zerstoßenen Schwarzkümmel, etwas kaltes Wasser, Zitronensaft oder Essig gut vermengen. Den halben säuerlichen Apfel kleingeschnitten, etwas Rosenpaprika und den lauwarmen Sellerie dazugeben und gut vermischen. 2-3 Std. oder über Nacht ziehen lassen. Ideal als Ersatz für Rohkost, auf die man wegen Verdauungsschwäche verzichten möchte.

3.25 Gelbe Linsensuppe

Stärkt Milz, Herz und Nieren, harntreibend, beruhigt den Magen, fördert Verdauung, stärkt Immunsystem, beugt Krebs vor, reduziert Strahlenverletzungen, regt Leberfunktion an, antioxidativ.
Anzahl Portionen: 7
Kalorien p. Portion   155
Gramm p. Portion   324
Kochdauer ca.   20 min.
Allergene: A
(Kohlehydrat:73% / Eiweiß & Fett:27%)
100g.≈ Eiweiß 7,59g. Fett:1,91g.
µg. - Ph:0,84 Na:1,47 Ka:3,19 Mg:0,35 Ca:0,64 Fe:0,02 Zn:0,01 Col.:0 Hsr.:1,11

Zutaten:
Linsen gelb 1/2 Kg. / 500g. (ja)
Karotte (Mohrrübe, Möhre) 2 Stück / 150g. (empfehlenswert)
Kohlrabi 1 Stück / 300g. (empfehlenswert)
Zwiebel weiss 1 Stück / 50g. (ja)
Petersilie 1/2 Bund / 100g. (ja)

Kurkuma (Gelbwurz) 1 Prise / 1g. (ja)
Kardamom 1 Prise / 1g. (ja)
Salz 1 Prise / 1g. (wenig)
Olivenöl 1 EL / 10g. (ja)
Wasser 1 Liter / 1000g. (ja)
Zitrone Saft 1/2 Stück / 15g. (ja)
Weißbrot (Weizenbrot) 7 Scheiben / 140g. (wenig)

Kochanleitung:
Linsen gründlich in einem Sieb waschen. In einem Topf Öl erhitzen, fein geschnittene Zwiebel, in Scheiben geschnittene Karotten, in Würfel geschnittenen Kohlrabi und Gewürze kurz darin anbraten und salzen. Linsen dazugeben und mit Wasser bedeckt 20 Min. köcheln lassen. Nach Bedarf mit Wasser ergänzen und mit Salz abschmecken. Mit frischer Petersilie oder frischem grünen Koriander bestreuen und mit Zitronensaft beträufeln. Hier kann man auch rote Linsen verwenden (gleiche Kochzeit). Mit Weißbrot servieren.

3.26 Gemüseeintopf mit provenzalischer Pistou

Stärkt Magen, Milz und Leber, senkt Blutdruck, bakterizid, stärkt Immunsystem, beugt Krebs vor, reduziert Strahlenverletzungen, löst Stagnation, lindert Verstopfung, produziert Muttermilch.
Anzahl Portionen: 8
Kalorien p. Portion 137
Gramm p. Portion 323,12
Kochdauer ca. 1 1/2 Stunden
Allergene: AGL
(Kohlehydrat:75% / Eiweiß & Fett:25%)
100g.≈ Eiweiß 5,89g. Fett:6,34g.
µg. - Ph:0,65 Na:0,64 Ka:2,48 Mg:1,06 Ca:4,28 Fe:0,02 Zn:0 Col.:0,01 Hsr.:0,25

Zutaten:
Tomate 200 g. / 200g. (empfehlenswert)
Olivenöl 2 EL / 30g. (ja)
Knoblauch 1 Zehe / 5g. (ja)
Toastbrot (Vollkorn) 1 Scheibe / 5g. (ja)
Parmesan 30 g. / 30g. (ja)
Basilikum (frisch) 1 Bund / 125g. (ja)
Salz 1 Prise / 2g. (wenig)
Pfeffer gemahlen 1 Prise / 1g. ()
Oregano getrocknet 1 TL / 3g. (ja)
Grundrezept für eine Gemüsebrühe nahrhaft 1 1/4 Liter / 1250g. (ja)

Karotte (Mohrrübe, Möhre) 150 g. / 150g. (empfehlenswert)
Sellerie Knolle 100 g. / 100g. (empfehlenswert)
Brokkoli 200 g. / 200g. (empfehlenswert)
Fenchel 1 Stück / 250g. (empfehlenswert)
Thymian getrocknet 1/2 TL / 2g. (ja)
Oregano getrocknet 1/2 TL / 2g. (ja)
Lorbeerblatt 1 Stück / 0,5g. (ja)
Erbse, grün 50 g. / 50g. (ja)
Zwiebel Frühlingszwiebel 4 Stück / 80g. (ja)
Kartoffel 100 g. / 100g. (ja)

Kochanleitung:
Soße: Tomaten abziehen, in kleine Stücke schneiden und zusammen mit fein gehacktem Knoblauch in Olivenöl ein wenig einkochen. Toastbrot (zerkrümelt), frischen fein geriebenen Parmesan, fein geschnittenen Basilikum, Oregano, Salz und Pfeffer dazugeben.
Suppe: Gemüsebrühe nach Grundrezept zum Kochen bringen, in grobe Scheiben geschnittene Karotten, würfelig geschnittenen Sellerie, würfelig geschnittene Kartoffel, kleine Röschen Brokkoli, kleingeschnittene Fenchelknolle, Erbsen, Thymian, Oregano und das Lorbeerblatt hinzufügen und 10 Min. kochen lassen. Frühlingszwiebeln in dünne Ringe geschnitten zufügen und weitere 2 Min. mitkochen. Einige Esslöffel Soße in eine Suppenschüssel füllen und kochend heiße Brühe damit verrühren. Nach und nach die Soße mit der Suppe mischen.

3.27 Gemüsenudeln mit Tomatensugo

Schont die Verdauungsorgane, entgiftet. Gut bei Appetitlosigkeit, Blähungen, Darmentzündung, Fettsucht, Gicht, Magengeschwür, Magenkrämpfen, Rheuma, Sodbrennen, Zwölffingerdarmgeschwür. Fördert Verdauung, hilft Fett zu verdauen.

Anzahl Portionen: 2
Kalorien p. Portion 562
Gramm p. Portion 281,1
Kochdauer ca. 45 Min.
Allergene: ACG
(Kohlehydrat:69,56% / Eiweiß & Fett:30,44%)
100g.≈ Eiweiß 14,06g. Fett:21,69g.
µg. - Ph:42,24 Na:6,41 Ka:89,19 Mg:16,12 Ca:13,53 Fe:0,61 Zn:0,2 Col.:8,37 Hsr.:36,02

Zutaten:
Tomate 125 g. / 125g. (empfehlenswert)
Karotte (Mohrrübe, Möhre) 1 Stück / 80g. (empfehlenswert)
Zucchini 1 Stück / 80g. (empfehlenswert)
Olivenöl 1 EL / 15g. (ja)
Zwiebel Schalotte 1 Stück / 20g. (ja)
Oregano getrocknet 1 Prise / 1g. (ja)
Salz 1 Prise / 1g. (wenig)
Pfeffer gemahlen 1 Prise / 0,2g. ()
Nudeln (Weizen) mit Ei 200 g. / 200g. (ja)
Olivenöl 1 EL / 10g. (ja)
Creme fraîche 2 EL / 30g. (ja)

Kochanleitung:
Tomaten in wenig Wasser kochen, beim Abgießen den Saft auffangen und die Tomaten in Stücke schneiden. Zucchini und Karotte grob raspeln. Olivenöl in einem beschichteten Topf erhitzen und Schalotten darin sehr weich dünsten. Tomaten zugeben, mit Oregano, Salz und Pfeffer würzen und zu einer dicken Soße einköcheln lassen. Reichlich Salzwasser zum Kochen bringen und die Nudeln darin bissfest kochen. In der Zwischenzeit das Olivenöl in einer beschichteten Pfanne erhitzen, die Karottenraspel darin unter Rühren anbraten und leicht salzen. Zucchiniraspel zugeben und ebenfalls unter Rühren kurz anbraten. Das Gemüse soll noch Biss haben. Nudeln abgießen, abtropfen lassen, mit Crème fraîche vermischen und abschmecken mit Salz und Pfeffer. Mit der Tomatensoße garnieren.

3.28 Gemüsereis

Stärkt Magen, löst Stagnation, fördert Gewichtsabnahme, stärkt Nieren und Blase, harntreibend, erwärmt den Körper von innen, reguliert Innenorganfunktionen. Gut bei Abwehrschwäche, Appetitlosigkeit, Blähungen und Bluthochdruck.

Anzahl Portionen: 3
Kalorien p. Portion 304
Gramm p. Portion 274,73
Kochdauer ca. 30 Min.
Allergene: L
(Kohlenhydrat:87,6% / Eiweiß & Fett:12,4%)
100g.≈ Eiweiß 8,1g. Fett:3,41g.
µg. - Ph:35,4 Na:5,31 Ka:46,63 Mg:34,07 Ca:82,12 Fe:0,49 Zn:0,07 Col.:0 Hsr.:15,52

Zutaten:
Brokkoli 50 g. / 50g. (empfehlenswert)
Karotte (Mohrrübe, Möhre) 50 g. / 50g. (empfehlenswert)
Kohlrabi 50 g. / 50g. (empfehlenswert)
Blumenkohl (Karfiol) 30 g. / 30g. (empfehlenswert)
Erbsen 20 g. / 20g. (ja)
Margarine 1 TL / 4g. (ja)
Reis Vollkorn 200 g / 200g. (empfehlenswert)
Grundrezept für eine Gemüsebrühe nahrhaft 400 g. / 400g. (ja)
Petersilie 20 g. / 20g. (ja)
Pfeffer gemahlen 1 Prise / 0,2g. ()

Kochanleitung:
Brokkoli, Karotten und Kohlrabi in kleine Würfel schneiden und den Blumenkohl in kleine Röschen zerteilen. Die Margarine in einer Pfanne oder einem Topf erhitzen und das Gemüse darin andünsten. Anschließend den Reis zufügen, mit der Gemüsebrühe auffüllen und 15-20 Min. ausquellen lassen. In der Zwischenzeit die Petersilie fein hacken. Nach Garzeitende den Reis mit frisch gemahlenem Pfeffer und Petersilie abschmecken.

3.29 Geröstete Hirse mit Stangensellerie

Stärkt Milz und Nieren, harntreibend, stoffwechselfördernd.
Anzahl Portionen: 2
Kalorien p. Portion 400
Gramm p. Portion 228
Kochdauer ca. 30 min
Allergene: L
(Kohlehydrat:82,09% / Eiweiß & Fett:17,91%)
100g.≈ Eiweiß 7g. Fett:2,59g.
µg. - Ph:44,42 Na:8,59 Ka:31,27 Mg:23,88 Ca:11,01 Fe:1,24 Zn:0,24 Col.:0 Hsr.:12,62

Zutaten:
Hirse 1 Tasse / 120g. (ja)
Wasser 2 Tassen / 240g. (ja)
Sellerie Stangensellerie 2 Stangen / 50g. (empfehlenswert)
Wasser 2 EL / 30g. (ja)
Kräuter verschiedene 1 EL / 10g. (ja)
Salz 1 Prise / 1g. (wenig)
Salbei 3-4 Blätter / 2g. (ja)
Kresse 1 TL / 3g. (ja)

Kochanleitung:
Hirse kurz anrösten, mit Wasser übergießen, kurz aufkochen und 20 Min. quellen lassen. Stangensellerie klein schneiden, mit Wasser, Salz und frischen Kräutern 10 Min. kochen und zu der Hirse geben. Frischen Salbei oder Kresse kleingehackt darüberstreuen.

3.30 Gerstenbratlinge

Verbessert Verdauung, senkt Cholesterinspiegel. Gut bei Durchfall, Geschwüren, Gliederschmerzen und Magenproblemen. Stärkt Milz, Leber und Immunsystem, senkt Blutdruck, bakterizid, beugt Krebs vor, reduziert Strahlenverletzungen.

Anzahl Portionen: 3
Kalorien p. Portion 398
Gramm p. Portion 292,67
Kochdauer ca. 1 1/2 Stunden
Allergene: ACN
(Kohlehydrat:63% / Eiweiß & Fett:37%)
100g.≈ Eiweiß 8,38g. Fett:19,69g.
µg. - Ph:7,07 Na:4,18 Ka:17,24 Mg:2,02 Ca:2,5 Fe:0,08 Zn:0,04 Col.:2,76 Hsr.:2,93

Zutaten:
Wasser 2 Tassen / 250g. (ja)
Gerstengrütze 1 Tasse / 120g. (ja)
Kartoffel 1 Stück / 140g. (ja)
Karotte (Mohrrübe, Möhre) 1 Stück / 120g. (empfehlenswert)
Champignon 2-3 Stück / 25g. (ja)
Huhn Ei 1 Stück / 55g. (ja)
Zwiebel weiss 1 Stück / 50g. (ja)
Ingwer frisch 1/2 TL / 1g. (ja)
Pfeffer gemahlen 1 Prise / 0,5g. ()
Salz 1 Prise / 1g. (wenig)
Zitrone 1/2 Stück / 15g. (ja)
Petersilie 2 EL / 15g. (ja)
Paprika (Rosenpaprikapulver) 1 Prise / 1g. (ja)
Sesamöl 2-3 EL / 50g. (empfehlenswert)
Brötchen (Semmel) 1 Stück / 35g. (wenig)

Kochanleitung:
Vorbereitung: 2 große Tassen heißes Wasser in einen Topf geben, 1 große Tasse Thermo-Gerstengrütze dazugeben und 2 Min. unter Rühren köcheln lassen. Dann 20 Min. auf der ausgeschalteten Herdplatte quellen lassen, herunternehmen und abkühlen lassen. Eine große Kartoffel kleinschneiden und in Wasser kochen. Brötchen in heißem Wasser einweichen und dann gut ausdrücken. Danach die

Gerstengrütze, die zerdrückte Kartoffel und das Brötchen vermengen und folgendes zufügen: 1 geraspelte Karotte, 2-3 kleingehackte Champignons, 1 Ei, 1 fein gehackte Zwiebel, ½ TL geriebenen Ingwer, je eine Prise Salz und Pfeffer, etwas Zitronensaft, gehackte Petersilie und reichlich Rosenpaprika. Alles gut durchkneten und Bratlinge formen. In einer heißen Pfanne Sesamöl erhitzen und die Bratlinge etwa 15 Min. bei schwacher Hitze ausbacken. Nach der Hälfte der Zeit wenden. Dazu passt: Blattsalat, Sojasprossengemüse.

3.31 Geschnetzeltes mit Zucchini

Verbessert Verdauung, regeneriert die Haut, harntreibend, senkt Cholesterinspiegel und Blutdruck, baut Milz und Magen auf, stärkt Blut, Knochenmark, Milz, Leber und Abwehrkraft.

Anzahl Portionen: 6
Kalorien p. Portion 282
Gramm p. Portion 368
Kochdauer ca. 1 Stunde
Allergene: AEGL
(Kohlehydrat:52,49% / Eiweiß & Fett:47,51%)
100g.≈ Eiweiß 16,06g. Fett:11,54g.
µg. - Ph:10,12 Na:6,02 Ka:42,05 Mg:4,33 Ca:7,7 Fe:0,15 Zn:0,01 Col.:0,23 Hsr.:5,05

Zutaten:
Pute Brustfleisch 300 g. / 300g. (empfehlenswert)
Zitrone Saft 1 EL / 10g. (ja)
Basilikum 1 TL / 2g. (ja)
Zucchini 800 g. / 800g. (empfehlenswert)
Maiskeimöl 2 EL / 20g. (empfehlenswert)
Grundrezept für eine Gemüsebrühe nahrhaft 125 g. / 125g. (ja)
Sahne, süß 30% 125 g. / 125g. (wenig)
Sojasauce 1 EL / 10g. (ja)
Hafer Schmelzlocken (Babynahrung) 2 EL / 16g. (empfehlenswert)
Kartoffel 800 g. / 800g. (ja)

Kochanleitung:
Das Putenfleisch in schmale Streifen schneiden, mit Zitronensaft beträufeln und mit Basilikum bestreuen. Die Zucchini waschen, schälen, die Stiel- und Blütenansätze entfernen und grob raspeln. 1 EL Öl erhitzen, das Putenfleisch darin anbraten und mit der Gemüsebrühe aufgießen. Sahne dazugießen, den Deckel auflegen und alles bei schwacher Hitze ca. 10 Min. dünsten. Die Zucchiniraspel und die Schmelzflocken hinzufügen, Deckel wieder auflegen und alles nochmals ca. 10 Min. dünsten. Für das Baby etwa 70 g Kartoffeln zerdrücken und etwa 150 g Zucchini mit Fleisch darüber geben. Das

Fleisch kleinschneiden und mit dem restlichen Keimöl vermischen. Für die Familie das Geschnetzelte mit der Brühe aufgießen, die Sojasoße dazugeben und noch 1-2 Min. kochen lassen. Mit den Kartoffeln servieren.

3.32 Gewürzkuchen mit Datteln

Beruhigt Nerven und Magen, fördert Durchblutung. Gut bei Appetitlosigkeit, Blähungen, Darmentzündung, Fettsucht, Gicht, Magengeschwür, Magenkrampf, Rheuma, Sodbrennen.

Anzahl Portionen: 4
Kalorien p. Portion 808
Gramm p. Portion 232,5
Kochdauer ca. 1 1/2 Stunden
Allergene: ACGO
(Kohlehydrat:71% / Eiweiß & Fett:29%)
100g.≈ Eiweiß 14,11g. Fett:32,91g.
µg. - Ph:38,49 Na:13,51 Ka:54,99 Mg:9,73 Ca:10,38 Fe:0,48 Zn:0,07 Col.:4,87 Hsr.:12,86

Zutaten:
Sonnenblumenöl 100 ml. / 100g. (ja)
Zucker (weiß, aus Rüben) 200 g / 200g. (wenig)
Kuhmilch (Vollmilch 3,5 % Fett) 100 ml. / 100g. (ja)
Weizen Mehl 250 g. / 250g. (ja)
Kakao 40 g. / 40g. (ja)
Datteln getrocknet 50 g. / 50g. (ja)
Huhn Ei 3 Stück / 180g. (ja)
Nelke 1/2 TL / 1g. (ja)
Zimtpulver 1 1/2 tl / 3g. (ja)
Muskatnuss 1 Prise / 0,5g. (ja)
Backpulver 1/2 Packung / 1,5g. (ja)
Butter Bio 1 TL / 2g. (ja)
Weizen Mehl 1 TL / 2g. (ja)

Kochanleitung:
Die Eier trennen, Eiweiß steif schlagen und beiseite stellen. Öl, Zucker und Eigelb in eine Schüssel geben und schaumig rühren. Mehl, Kakao und Backpulver zufügen, durchrühren und die Milch nach und nach unterrühren. Nun die kleingehackten Datteln und die Gewürze (die Nelken gemahlen) zur Masse geben und auf kleinster Stufe mit dem Handrührgerät einrühren. Jetzt das steif geschlagene Eiweiß löffelweise vorsichtig mit einem Löffel unterheben und den Teig in eine gefettete, bemehlte Form füllen und 70 Min. bei 200 Grad backen.

3.33 Grießbrei mit Banane

Reguliert Magen-Darm-Funktion, befeuchtet Darm, entzündungshemmend, antiallergisch, kreislaufstabilisierend, kühlt innere Hitze, gut bei Durchblutungsstörungen.

Anzahl Portionen: 1
Kalorien p. Portion 307
Gramm p. Portion 284
Kochdauer ca. 15 Min.
Allergene: AG
(Kohlehydrat:66,17% / Eiweiß & Fett:33,83%)
100g.≈ Eiweiß 10,58g. Fett:10,73g.
µg. - Ph:116,7 Na:93,56 Ka:218,89 Mg:28,56 Ca:92,08 Fe:0,64 Zn:0,36 Col.:7,61 Hsr.:12,85

Zutaten:
Kuhmilch (Vollmilch 3,5 % Fett) 200 ml / 200g. (ja)
Dinkel Gries 3 EL / 30g. (ja)
Butter Bio 1 TL / 4g. (ja)
Banane 1/2 Stück / 50g. (ja)

Kochanleitung:
Die Hälfte der Milch in einem kleinen Topf erhitzen, Grieß zufügen und aufkochen. Bei schwacher Hitze unter ständigem Rühren 3 Min. ausquellen lassen. Den Topf vom Herd nehmen, nach und nach die übrige Milch mit dem Schneebesen unterschlagen und den Brei in ein Schälchen geben. Die Butter und die zermuste Banane zufügen. Für Erwachsene kann eine Prise Zimt darübergestreut werden.

3.34 Grießklößchensuppe

Senkt Blutdruck, bakterizid, stärkt Immunsystem, beugt Krebs vor, reduziert Strahlenverletzungen, löst Stagnation, fördert Gewichtsabnahme. Gut bei Abwehrschwäche, Appetitlosigkeit, Blähungen, Bluthochdruck, Depressionen, Diabetes, Durchfall.

Anzahl Portionen: 3
Kalorien p. Portion 287
Gramm p. Portion 235,67
Kochdauer ca. 60 Min.
Allergene: ACGLO
(Kohlehydrat:74% / Eiweiß & Fett:26%)
100g.≈ Eiweiß 12,68g. Fett:16,24g.
µg. - Ph:7,29 Na:3,79 Ka:6,29 Mg:7,72 Ca:17,64 Fe:0,11 Zn:0,11 Col.:5,65 Hsr.:2,66

Zutaten:
Butter Bio 40 g. / 40g. (ja)
Huhn Ei 1 Stück / 65g. (ja)
Salz 1 Prise / 1g. (wenig)
Pfeffer gemahlen 1 Prise / 0,5g. ()
Muskatnuss 1 Prise / 1g. (ja)
Weizen Gries 80 g. / 80g. (ja)
Grundrezept für eine Rinderbrühe wärmend 1/2 Liter / 500g. (ja)
Petersilie 1 EL / 10g. (ja)
Lauchzwiebel Schnittlauch 1 EL / 10g. (ja)

Kochanleitung:
Die Zutaten für die Grießklößchen zu einem festen Teig kneten und 30 Min. quellen lassen. Die Brühe erhitzen. Dann mit einem Löffel Klößchen ausstechen, in die Brühe geben und ca. 20 Min. ziehen lassen. Vor dem Servieren gehackte Petersilie und in feine Röllchen geschnittenen Schnittlauch einstreuen.

3.35 Grießschnitten

Reguliert Magen-Darm-Funktion, schont die Verdauungsorgane, entgiftet, wirkt bei Appetitlosigkeit, Blähungen, Darmentzündungen, liefert Vitamin C.

Anzahl Portionen: 1
Kalorien p. Portion   332
Gramm p. Portion   316
Kochdauer ca.   30 Min.
Allergene: AG
(Kohlehydrat:70,59% / Eiweiß & Fett:29,41%)
100g.≈ Eiweiß 10,57g. Fett:9,96g.
µg. - Ph:74,67 Na:32,15 Ka:206,02 Mg:18,68 Ca:80,18 Fe:0,36 Zn:0,4 Col.:6,08 Hsr.:23,52

Zutaten:
Kuhmilch (Vollmilch 3,5 % Fett) 200 ml. / 200g. (ja)
Weizen Gries 30 g. / 30g. (ja)
Butter Bio 1 TL / 3g. (ja)
Banane 80 g. / 80g. (ja)
Orangensaft 1 TL / 3g. (ja)

Kochanleitung:
Den Backofen auf 200 Grad (Gas Stufe 3) vorheizen. 125 ml Milch aufkochen und den Grieß einrieseln lassen. Bei mittlerer Hitze dick einkochen lassen. Die Butter unterrühren, den Brei in ein Ragout-Fin-Förmchen streichen, im Backofen (Mitte) in ca. 15 Min. hellbraun

überbacken, die restliche Milch mit der Banane und dem Orangensaft pürieren und alles in einen tiefen Teller geben. Den Brei herauslösen, in Scheiben schneiden und neben die Soße legen.

3.36 Grundrezept für eine Fischbrühe

Kräftigt Nieren, harntreibend, senkt Blutdruck, bakterizid, stärkt Immunsystem, beugt Krebs vor, reduziert Strahlenverletzungen, fördert Durchblutung, ist cholesterinarm, eiweißreich und regt Appetit an.
Anzahl Portionen: 5
Kalorien p. Portion 128
Gramm p. Portion 243,8
Kochdauer ca. 40 min.
Allergene: DLO
(Kohlehydrat:33,81% / Eiweiß & Fett:66,19%)
100g.≈ Eiweiß 9,81g. Fett:5,2g.
µg. - Ph:14,91 Na:7,09 Ka:31,5 Mg:2,39 Ca:4,63 Fe:0,11 Zn:0,02 Col.:0,01 Hsr.:11,94

Zutaten:
Fischstücke gemischt (Süßwasser) 300 g. / 300g. (empfehlenswert)
Sellerie Knolle 120 g. / 120g. (empfehlenswert)
Lauch (Porree) 5 cm / 10g. (ja)
Karotte (Mohrrübe, Möhre) 2 Stück / 150g. (empfehlenswert)
Weißwein 1/8 Liter / 125g. (wenig)
Zitrone 1/2 Stück / 50g. (ja)
Lorbeerblatt 2 Blätter / 2g. (ja)
Pfeffer Körner 3 Stück / 2g. (ja)
Olivenöl 1 EL / 10g. (ja)
Wasser 1/2 Liter / 450g. (ja)

Kochanleitung:
Kleingeschnittenen Sellerie, Karotten und Lauch in Olivenöl andünsten, Lorbeerblatt und Pfefferkörner zugeben, Fischstücke zufügen und kurz mitdünsten. Mit Wasser ablöschen, wenig Weißwein oder Zitrone zugeben und 30 Min. leise köcheln lassen. Mehrmals den entstehenden Schaum abschöpfen. Am Ende die Zutaten durch ein Sieb abseihen.

3.37 Grundrezept für eine Hühnerbrühe (wärmend)

Stärkt Blut, baut Milz und Magen auf, stärkt Knochenmark, senkt Blutdruck, bakterizid, stärkt Immunsystem, beugt Krebs vor, reduziert Strahlenverletzungen, fördert Schwitzen, löst Stagnation.

Anzahl Portionen: 9
Kalorien p. Portion 90
Gramm p. Portion 244,89
Kochdauer ca.   2-3 Stunden
Allergene: L
(Kohlehydrat:10,44% / Eiweiß & Fett:89,56%)
100g.≈ Eiweiß 15,69g. Fett:11,57g.
µg. - Ph:7,72 Na:5,27 Ka:16,86 Mg:1,2 Ca:3,41 Fe:0,1 Zn:0 Col.:0,25 Hsr.:8,27

Zutaten:
Huhn Fleisch 1/2 Stück / 600g. (ja)
Karotte (Mohrrübe, Möhre) 2 Stück / 150g. (empfehlenswert)
Lauch (Porree) 1 Stange / 45g. (ja)
Sellerie Knolle 1 Stück / 500g. (empfehlenswert)
Ingwer frisch 2 Scheiben / 2g. (ja)
Bockshornklee 1 TL / 2g. (ja)
Wacholderbeere 1 TL / 3g. (empfehlenswert)
Lorbeerblatt 3 Stück / 2g. (ja)
Wasser 1 Liter / 900g. (ja)

Kochanleitung:
Hühnerteile von Fett befreien, in einen Topf mit heißem Wasser geben, kurz aufkochen lassen und entstehenden Schaum abschöpfen. Grob geschnittenes Gemüse und alle Gewürze zugeben und 2-3 Std. bei mittlerer Hitze kochen, dann alles abseihen. Tipp: Wenn Sie das Fleisch als Suppeneinlage verwenden möchten, bereits nach 45 Min. herausnehmen und nur die Knochen in der Suppe lassen.

3.38 Grundrezept für eine nahrhafte Gemüsebrühe

Senkt Blutdruck und Blutfett, bakterizid, stärkt Immunsystem, beugt Krebs vor, stärkt Magen, löst Stagnation, fördert Gewichtsabnahme, hilft bei Appetitlosigkeit, Blähungen, Bluthochdruck, Depressionen, Diabetes, Durchfall.

Anzahl Portionen: 5
Kalorien p. Portion 48
Gramm p. Portion 240,6
Kochdauer ca.   2-3 Stunden
Allergene: L
(Kohlehydrat:71,3% / Eiweiß & Fett:28,7%)
100g.≈ Eiweiß 1,57g. Fett:1,31g.
µg. - Ph:4,86 Na:3,67 Ka:25,68 Mg:1,8 Ca:6,32 Fe:0,1 Zn:0,01 Col.:0 Hsr.:2,78

Zutaten:
Olivenöl 1 EL / 4g. (ja)
Zwiebel weiss 1 Stück / 60g. (ja)
Karotte (Mohrrübe, Möhre) 3 Stück / 200g. (empfehlenswert)
Pastinake 150 g. / 150g. (ja)
Sellerie Knolle 1 Tasse / 100g. (empfehlenswert)
Ingwer frisch 1/2 TL / 2g. (ja)
Zitrone 1/2 Stück / 25g. (ja)
Wacholderbeere 6 Stück / 6g. (empfehlenswert)
Thymian getrocknet 1 Prise / 1g. (ja)
Liebstöckel 1 EL / 3g. (ja)
Lorbeerblatt 2 Blätter / 1g. (ja)
Salz 1 Prise / 1g. (wenig)
Wasser 3/4 Liter / 650g. (ja)

Kochanleitung:
Gemüse würfelig schneiden. Öl in einem Topf erhitzen, die Zwiebel und das Gemüse darin anbraten, Ingwer und Lorbeer zugeben. Mit kaltem Wasser aufgießen, Zitronensaft zufügen und mit Wacholder, Thymian und Liebstöckel würzen. 2-3 Std. auf kleiner Stufe zugedeckt köcheln lassen. Brühe durch ein Sieb streichen und im Kühlschrank aufbewahren. Sie dient als Suppengrundlage und verfeinert Gemüse, Hülsenfrüchte oder Getreide.

3.39 Grundrezept für eine Reissuppe (Congee)

Niedriger Fettgehalt, zur Entwässerung des Körpers bei Übergewicht und Bluthochdruck.

Anzahl Portionen: 3
Kalorien p. Portion   140
Gramm p. Portion   273,33
Kochdauer ca.   2-4 Stunden
Allergene:
(Kohlenhydrat:89,71% / Eiweiß & Fett:10,29%)
100g.≈ Eiweiß 2,96g. Fett:0,48g.
µg. - Ph:5,85 Na:0,58 Ka:5,02 Mg:3,41 Ca:1,72 Fe:0,03 Zn:0,02 Col.:0 Hsr.:6,34

Zutaten:
Reis Sorte beliebig 1 Tasse / 120g. (ja)
Wasser 6 Tassen / 700g. (ja)

Kochanleitung:
Man kocht Reis und Wasser in einem Verhältnis von etwa 1:6. Die Menge des Wassers bestimmt die Dicke des Breis (reine Geschmackssache). Der Reis quillt unwahrscheinlich auf, nehmen Sie also nicht viel. Geben Sie den Reis in einen Topf mit einem schweren Deckel. Wichtig ist, den Reis nach kurzem Aufkochen nur auf kleinster Stufe köcheln zu lassen, da er sonst anbrennt. Kochen Sie den Reis 2-4 Stunden. Je länger er kocht, desto stärkender wirkt er. Wenn Sie das Gericht zum Frühstück essen möchten, können Sie den Reis auch kurz vor dem Zubettgehen aufsetzen. Sicherheitshalber sollten Sie vorher einmal unter Beobachtung für eine ähnlich lange Zeit das Verhalten Ihres Topfes und Herdes prüfen, damit nichts anbrennt.

3.40 Grundrezept für eine Rinderbrühe (klar)

Stärkt Muskeln, Sehnen und Knochen, senkt Blutdruck, bakterizid, stärkt Immunsystem, beugt Krebs vor, reduziert Strahlenverletzungen, regt Verdauung an, reduziert Schmerzen, fördert Verdauung. Harntreibend, stillt Blutung. Rosmarin fördert Verdauung.

Anzahl Portionen: 10
Kalorien p. Portion 114
Gramm p. Portion 276
Kochdauer ca. 4-8 Stunden
Allergene: O
(Kohlehydrat:22,24% / Eiweiß & Fett:77,76%)
100g.≈ Eiweiß 12,22g. Fett:4,1g.
µg. - Ph:5,14 Na:3,08 Ka:13,39 Mg:1,06 Ca:2,52 Fe:0,09 Zn:0,01 Col.:0,14 Hsr.:3,57

Zutaten:
Rind Suppenfleisch 500 g. / 500g. (ja)
Rind Fleischknochen 200 g. / 200g. (ja)
Essig (Rotweinessig) 1 Schuss / 3g. (ja)
Wacholderbeere 8 Stück / 6g. (empfehlenswert)
Rosmarin 1 Prise / 1g. (ja)
Karotte (Mohrrübe, Möhre) 3 Stück / 210g. (empfehlenswert)
Pastinake 2 Stück / 300g. (ja)
Lauch (Porree) 1 Stück / 200g. (ja)
Ingwer frisch 1/2 TL / 5g. (ja)
Liebstöckel 1 Stiel / 15g. (ja)
Nelke 2 Stück / 2g. (ja)
Piment 6 Stück / 12g. (ja)
Anis (gemeiner Fenchel) 2 Stück / 1g. (ja)
Salz 1 TL / 5g. (wenig)
Wasser 1 1/2 Liter / 1300g. (ja)

Kochanleitung:
Rotweinessig, Wacholderbeeren, Rosmarin, Knochen und Fleisch in Wasser zum Kochen bringen. Karotten, Pastinaken, Lauch, Ingwer, Liebstöckelgrün, Nelken, Piment, Sternanis und etwas Salz zufügen und alles 4-8 Std. köcheln und dann abseihen. Brühe im Kühlschrank aufbewahren.

3.41 Heilbutt mit Tomaten-Knoblauch-Soße

Fördert Verdauung, hilft Fett zu verdauen, harntreibend, senkt Blutdruck, liefert wertvolle Omega-3 Fettsäuren. Gut bei Rheuma, Blähungen, Blasenschwäche, Blutarmut, Bluthochdruck, Depressionen, Diabetes, Durchfall.

Anzahl Portionen: 5
Kalorien p. Portion   319
Gramm p. Portion   297,6
Kochdauer ca.   45 Min.
Allergene: D
(Kohlehydrat:35,73% / Eiweiß & Fett:64,27%)
100g.≈ Eiweiß 34,97g. Fett:9,44g.
µg. - Ph:24,12 Na:43,88 Ka:35,39 Mg:5,15 Ca:4,4 Fe:0,11 Zn:0,01 Col.:0,82 Hsr.:23,91

Zutaten:
Reis Sorte beliebig 1 Tasse / 120g. (ja)
Wasser 6 Tassen / 240g. (ja)
Salz 1 Prise / 1g. (wenig)
Heilbutt 1 Kg / 800g. (ja)
Salz 1 Prise / 1g. (wenig)
Pfeffer gemahlen 1 Prise / 0,5g. ()
Zitrone Saft 1 Spritzer / 2g. (ja)
Lorbeerblatt 2 Stück / 2g. (ja)
Zitrone 1 Stück / 30g. (ja)
Knoblauch 8 Stück / 10g. (ja)
Thymian getrocknet 1 EL / 5g. (ja)
Oliven 75 g. / 75g. (ja)
Tomate 4 Stück / 200g. (empfehlenswert)
Salz 1 Prise / 1g. (wenig)
Pfeffer gemahlen 1 Prise / 0,5g. ()

Kochanleitung:
Reis im Salzwasser gar kochen. Den Fisch unter fließend kaltem Wasser abspülen, mit Küchenkrepp abtupfen und mit Salz, Pfeffer und Zitronensaft einreiben. Die Fischfilets in eine Auflaufform legen und mit Stücken der Lorbeerblätter belegen Die Zitrone heiß abwaschen und in Spalten schneiden, den Knoblauch schälen und halbieren. Die Oliven

darauf verteilen und mit Thymian bestreuen. Die Tomaten mit heißem Wasser überbrühen, häuten und grob würfeln. Alle Zutaten mischen, mit Salz und Pfeffer würzen und um den Fisch herum verteilen. Alles bei 200 Grad (Umluft 180, Gas Stufe 3) ca. 20 Min. garen. Mit dem Reis anrichten. Zu diesem wohlschmeckenden Fischgericht passt ein gemischter Salat.

3.42 Herzhaftes Winterfrühstück

Stärkt die Abwehrkräfte und erwärmt, beruhigt Nerven und Magen, fördert Verdauung, entgiftet, stärkt Säfteproduktion, treibt Schweiß, reduziert Blutfett, regt an, löst Stagnation.

Anzahl Portionen: 1
Kalorien p. Portion 678
Gramm p. Portion 235
Kochdauer ca. 20 min.
Allergene: ACEG
(Kohlehydrat:60% / Eiweiß & Fett:40%)
100g.≈ Eiweiß 28,35g. Fett:27,05g.
µg. - Ph:238,14 Na:114,37 Ka:245,93 Mg:71,98 Ca:61,45 Fe:3,58 Zn:2,63 Col.:108 Hsr.:79,81

Zutaten:
Hafer Schrot 1 Tasse / 120g. (ja)
Ingwer frisch 1/2 TL / 1g. (ja)
Salz 1 Prise / 1g. (wenig)
Zwiebel Frühlingszwiebel 2 Stück / 40g. (ja)
Huhn Ei 1 Stück / 55g. (ja)
Butter Bio 1 EL / 15g. (ja)
Sojasauce 1 Schuss / 3g. (ja)

Kochanleitung:
Haferschrot über Nacht einweichen. Am Morgen mit etwas Ingwer, Salz und einer Frühlingszwiebel oder Lauch aufkochen und dann quellen lassen, bis der Brei weich ist. Vor dem Servieren ein ganzes Ei untermengen, Butter zugeben und nach Geschmack mit etwas Sojasoße würzen. Empfehlung: besonders geeignet für die kalte Jahreszeit.

3.43 Honigmilch

Beruhigend, gut bei Schlafstörungen, leicht abführend, lindert Schmerzen, entgiftet, bakterizid.
Anzahl Portionen: 1
Kalorien p. Portion 88
Gramm p. Portion 124
Kochdauer ca. 5 Min.
Allergene: G
(Kohlehydrat:52% / Eiweiß & Fett:48%)
100g.≈ Eiweiß 3,85g. Fett:4,2g.
µg. - Ph:92,52 Na:48,61 Ka:146,68 Mg:11,81 Ca:116,29 Fe:0,14 Zn:0,4 Col.:5,81 Hsr.:0

Zutaten:
Kuhmilch (Vollmilch 3,5 % Fett) 1 Tasse / 120g. (ja)
Honig 1 TL / 4g. (ja)

Kochanleitung:
Milch leicht erwärmen und den Honig zufügen. In kleinen Schlucken trinken.

3.44 Hühnersuppe mit Eigelb und Petersilie

Stärkt Blut, Knochenmark, Immunsystem und Sehkraft, baut Milz und Magen auf, senkt Blutdruck, bakterizid, harmonisiert Leber und Milz, entgiftet. Petersilie regt Leberfunktion an.
Anzahl Portionen: 2
Kalorien p. Portion 118
Gramm p. Portion 260
Kochdauer ca. 10 Min.
Allergene: CL
(Kohlehydrat:82,37% / Eiweiß & Fett:17,63%)
100g.≈ Eiweiß 16,35g. Fett:2,49g.
µg. - Ph:13,95 Na:17,66 Ka:18 Mg:49,59 Ca:138,8 Fe:0,55 Zn:0,05 Col.:6,53 Hsr.:4,43

Zutaten:
Grundrezept für eine Hühnerbrühe wärmend 1/2 Liter / 500g. (ja)
Huhn Eigelb 1 Stück / 10g. (wenig)
Petersilie 1 EL / 10g. (ja)

Kochanleitung:
Brühe erhitzen und das Eigelb darin verquirlen. Die gehackte Petersilie drüberstreuen und ca. 2 Min. ziehen lassen und dann in kleinen Schlucken trinken.

3.45 Hüttenkäse mit gedünstetem Obst

Gut bei Appetitlosigkeit, Schluckstörungen, schwacher Verdauung, harntreibend.
Anzahl Portionen: 2
Kalorien p. Portion 215
Gramm p. Portion 250
Kochdauer ca. 20 Min.
Allergene: G
(Kohlehydrat:40,48% / Eiweiß & Fett:59,52%)
100g.≈ Eiweiß 18,45g. Fett:6,4g.
µg. - Ph:44,6 Na:114,5 Ka:50,9 Mg:3,7 Ca:25,6 Fe:0,11 Zn:0,09 Col.:0,64 Hsr.:3

Zutaten:
Hüttenkäse 300 g. / 300g. (ja)
Apfel (sauer) 1 Stück / 100g. (empfehlenswert)
Birne 1 Stück / 100g. (empfehlenswert)

Kochanleitung:
Äpfel und Birnen gut waschen, mit Schale klein schneiden und in einem Topf mit Dämpfsieb bissfest garen. Herausnehmen und auskühlen lassen. Hüttenkäse anrichten und Obst darauf verteilen.

3.46 Joghurt mit Honig und Nüssen

Lindert Schmerzen, entgiftet, bakterizid, fördert Wundheilung. Gut bei akuter oder chronischer Verstopfung des Darmes. Löst Steine.
Anzahl Portionen: 1
Kalorien p. Portion 258
Gramm p. Portion 167
Kochdauer ca. 5 Min.
Allergene: GH
(Kohlehydrat:61% / Eiweiß & Fett:39%)
100g.≈ Eiweiß 6,79g. Fett:12,43g.
µg. - Ph:107,54 Na:38,83 Ka:167,29 Mg:19,4 Ca:104,46 Fe:0,49 Zn:0,54 Col.:10,48 Hsr.:2,16

Zutaten:
Joghurt (natur, 3,5 % Fett) 125 g. / 125g. (ja)
Honig 2 EL / 30g. (ja)
Walnüsse 1 EL / 12g. (empfehlenswert)

Kochanleitung:
Joghurt mit Honig und feingehackten Nüssen mischen.

3.47 Karotten-Kartoffel-Rucola Brötchen

Lindert Entzündungen, verbessert Verdauung, harntreibend, senkt Cholesterinspiegel, stärkt Immunsystem, beugt Krebs vor, löst Verstopfung (ballaststoffreich), löst Stagnation.

Anzahl Portionen: 4
Kalorien p. Portion 94
Gramm p. Portion 116,25
Kochdauer ca. 20 Min.
Allergene: AG
(Kohlehydrat:55% / Eiweiß & Fett:45%)
100g.≈ Eiweiß 2,68g. Fett:2,83g.
μg. - Ph:4,15 Na:4,56 Ka:16,7 Mg:1,23 Ca:1,78 Fe:0,06 Zn:0,03 Col.:0,25 Hsr.:1,27

Zutaten:
Kartoffel (mehlige) 200 g / 200g. (ja)
Karotte (Mohrrübe, Möhre) 1 Stück / 50g. (empfehlenswert)
Sauerrahm 15% Fett 3 EL / 45g. (ja)
Zwiebel Frühlingszwiebel 1 Stück / 20g. (ja)
Rucola Rauke 1/2 Bund / 100g. ()
Zitrone Schale 1/4 TL / 1g. (ja)
Salz 1 Prise / 1g. (wenig)
Pfeffer gemahlen 1 Prise / 0,2g. ()
Vollkornbrot 8 Scheiben / 48g. (empfehlenswert)

Kochanleitung:
Kartoffeln in der Schale weich kochen, abziehen und durch die Kartoffelpresse drücken. Gemüsebrühe nach Grundrezept kochen und eine Karotte nach kurzer Garzeit herausnehmen und mit der Gabel fein zerdrücken. Kartoffeln, Karotten, abgeriebene Zitronenschale und Sauerrahm zu einer glatten Creme verrühren. Karotten-Kartoffel-Creme mit fein geschnittenem Rucola verrühren. Den Aufstrich mit Salz und Pfeffer abschmecken und die Brote bestreichen. Mit den fein geschnittenen Jungzwiebeln bestreuen.

3.48 Karotten-Risotto

Stärkt Immunsystem, beugt Krebs vor, löst Stagnation, regt Leberfunktion an. Gut bei Appetitlosigkeit, Blähungen, Bluthochdruck, Depressionen, Diabetes, Durchfall.

Anzahl Portionen: 2
Kalorien p. Portion 308
Gramm p. Portion 340,8
Kochdauer ca. 45 Min.
Allergene: GL

(Kohlehydrat:83,67% / Eiweiß & Fett:16,33%)
100g.≈ Eiweiß 8,5g. Fett:5,99g.
µg. - Ph:27,11 Na:19,13 Ka:58,22 Mg:32,31 Ca:116,16 Fe:0,67 Zn:0,11 Col.:0,3 Hsr.:14,66

Zutaten:
Olivenöl 1/2 EL / 5g. (ja)
Zwiebel Frühlingszwiebel 2 EL / 7g. (ja)
Muskatnuss 1 Prise / 0,3g. (ja)
Petersilie 1/2 Bund / 25g. (ja)
Reis Sorte beliebig 100 g. / 100g. (ja)
Karotte (Mohrrübe, Möhre) 250 g. / 250g. (empfehlenswert)
Grundrezept für eine Gemüsebrühe nahrhaft 300 ml. / 280g. (ja)
Fenchelsamen gemahlen 1/4 TL / 1g. (ja)
Basilikum (frisch) 1/2 TL / 2g. (ja)
Salz 1 Prise / 1g. (wenig)
Pfeffer gemahlen 1 Prise / 0,3g. ()
Parmesan 1 EL / 10g. (ja)

Kochanleitung:
In einer flachen Pfanne das Öl erhitzen, die Zwiebeln darin glasig und sehr weich dünsten. Petersilie zugeben und kurz andünsten. Reis, Karotten und Muskat zufügen und unter Rühren kurz andünsten. Mit der Gemüsebrühe aufgießen, mit Fenchel und Basilikum würzen, alles zum Kochen bringen und ca. 20 Min. kochen, bis Reis und Karotten gut durch sind. Dabei ab und zu umrühren und bei Bedarf etwas Gemüsebrühe nachgießen. Das Risotto soll leicht suppig sein. Kurz vor Ende der Garzeit den Weißwein untermischen und das Risotto noch kurz aufköcheln lassen, dann vom Herd nehmen und Parmesan untermischen.

3.49 Karottenrohkost

Stärkt Milz und Leber, senkt Blutdruck, bakterizid, stärkt Immunsystem, beugt Krebs vor, reduziert Strahlenverletzungen, stoppt Durchfall, fördert Verdauung, Appetit anregend, harmonisiert Magen.
Anzahl Portionen: 1
Kalorien p. Portion   74
Gramm p. Portion   154
Kochdauer ca.   10 Min.
Allergene:
(Kohlehydrat:91% / Eiweiß & Fett:9%)
100g.≈ Eiweiß 1,21g. Fett:0,41g.
µg. - Ph:26,57 Na:19,84 Ka:140,47 Mg:10,21 Ca:29,74 Fe:1,4 Zn:0,36 Col.:0 Hsr.:18,25

Zutaten:
Karotte (Mohrrübe, Möhre) 100 g. / 100g. (empfehlenswert)
Apfel (süß) 1 Stück / 50g. (empfehlenswert)
Zitrone Saft 2 TL / 3g. (ja)
Zuckerersatz (Süßstoff) 1 g. / 1g. (ja)

Kochanleitung:
Zitronensaft mit Süßstoff verrühren. Die gewaschenen, dünn geschälten Karotten und das Apfelstück in die Soße raspeln und untermischen.

3.50 Kartoffelcreme mit Kräuter-Frischkäse

Gut bei Appetitlosigkeit, Schluckstörungen, Verstopfung, Blähungen und Übelkeit. Verbessert Verdauung, harntreibend, beugt Krebs vor, stärkt Magensaftproduktion, löst Stagnation, entkrampft und beruhigt.
Anzahl Portionen: 2
Kalorien p. Portion 217
Gramm p. Portion 218,5
Kochdauer ca. 25 Min.
Allergene: G
(Kohlehydrat:14% / Eiweiß & Fett:86%)
100g.≈ Eiweiß 8,76g. Fett:11,22g.
µg. - Ph:18,66 Na:18,04 Ka:73,64 Mg:4,87 Ca:13,9 Fe:0,13 Zn:0,09 Col.:4,84 Hsr.:2,24

Zutaten:
Kartoffel (mehlige) 250 g. / 250g. (ja)
Frischkäse 80 g. / 80g. (ja)
Joghurt (natur, 1,5 % Fett) 3 EL / 45g. (empfehlenswert)
Lauchzwiebel Schnittlauch 1/2 Bund / 50g. (ja)
Basilikum (frisch) 1 TL / 4g. (ja)
Petersilie 1 TL / 4g. (ja)
Dill 1/2 TL / 2g. (ja)
Salz 1 Prise / 1g. (wenig)
Schwarzkümmel 1 Prise / 0,5g. (ja)
Pfeffer gemahlen 1 Prise / 0,5g. ()

Kochanleitung:
Kartoffeln in der Schale weich kochen, abziehen und durch die Kartoffelpresse drücken. Frischkäse, Joghurt und Kräuter unter die Kartoffeln mischen und mit Salz, zerstoßenem Schwarzkümmel und Pfeffer abschmecken.

3.51 Kartoffeln mit Bärlauch-Quark

Verbessert Verdauung, regeneriert Haut, harntreibend, senkt Cholesterinspiegel, verbessert die Fließeigenschaften des Blutes. Hilft bei Magendruck, Aufstoßen, Diabetes, akuter oder chronischer Verstopfung des Darmes.

Anzahl Portionen: 2
Kalorien p. Portion 254
Gramm p. Portion 300,55
Kochdauer ca. 20 Min.
Allergene: G
(Kohlehydrat:39,12% / Eiweiß & Fett:60,88%)
100g.≈ Eiweiß 17,32g. Fett:25,36g.
µg. - Ph:51,99 Na:11,2 Ka:120,4 Mg:8,19 Ca:31,89 Fe:0,2 Zn:0,1 Col.:1,71 Hsr.:4,02

Zutaten:
Kartoffel 300 g. / 300g. (ja)
Salz 1 Prise / 0,1g. (wenig)
Bärlauch (Knoblauchspinat) 2 Handvoll / 30g. (ja)
Topfen (Quark) 20% 250 g. / 250g. (empfehlenswert)
Joghurt (natur, 1,5 % Fett) 2 EL / 20g. (empfehlenswert)
Salz 1 Prise / 1g. (wenig)

Kochanleitung:
Kartoffeln in Salzwasser kochen und schälen. Die Bärlauchblätter werden gewaschen, vorsichtig abgetrocknet und in feine Streifen geschnitten. Quark, Joghurt und Salz verrühren und zuletzt den Bärlauch untermischen. Zu den Kartoffeln servieren. In der Jahreszeit, in der kein Bärlauch wächst, kann das Bärlauch-Pesto verwendet werden.

3.52 Kartoffeln mit Löwenzahnsalat

Stärkt Milz, lindert Entzündungen, regeneriert Haut, harntreibend, senkt Cholesterinspiegel, entgiftet, stärkt Magen und Verdauungssystem, bakterizid, löst Stagnation.

Anzahl Portionen: 2
Kalorien p. Portion 162
Gramm p. Portion 203,25
Kochdauer ca. 25 min.
Allergene:
(Kohlehydrat:70,33% / Eiweiß & Fett:29,67%)
100g.≈ Eiweiß 4,28g. Fett:5,59g.
µg. - Ph:26,55 Na:13,01 Ka:175,89 Mg:11,87 Ca:27,38 Fe:0,61 Zn:0,14 Col.:0,01 Hsr.:14,21

Zutaten:
Kartoffel 250 g. / 250g. (ja)
Zwiebel weiss 1/2 Stück / 20g. (ja)
Sonnenblumenöl 1 EL / 10g. (ja)
Löwenzahn (junger) 125 g. / 125g. (ja)
Salz 1 Prise / 1g. (wenig)
Pfeffer weiss (gemahlen) 1 Prise / 0,5g. (ja)

Kochanleitung:
Die Kartoffeln in Salzwasser garen und in dünne Scheiben schneiden. Löwenzahnblätter klein schneiden. Feingehackte Zwiebel und Öl dazugeben, mit Salz und Pfeffer würzen und alles vermischen.

3.53 Kartoffeltaschen mit Wildkräutern an Tomatensoße

Stärkt Milz, lindert Entzündungen, verbessert Verdauung, löst Stagnation, entschlackend, reinigt die Nieren, unterstützend bei Prostatabeschwerden. Gut bei Appetitlosigkeit, Blähungen, Darmentzündung. Regt Leberfunktion an, harntreibend.

Anzahl Portionen: 5
Kalorien p. Portion 418
Gramm p. Portion 346,14
Kochdauer ca. 45 Min.
Allergene: ACG
(Kohlehydrat:62,47% / Eiweiß & Fett:37,53%)
100g.≈ Eiweiß 16,88g. Fett:16,11g.
µg. - Ph:22,3 Na:7,21 Ka:58,22 Mg:4,83 Ca:20,61 Fe:0,19 Zn:0,03 Col.:0,78 Hsr.:11,88

Zutaten:
Olivenöl 1 EL / 10g. (ja)
Zwiebel weiss 1 Stück / 50g. (ja)
Knoblauch 1 Stück / 2g. (ja)
Tomatenpüre 400 g. / 400g. (ja)
Salz 1 Prise / 1g. (wenig)
Pfeffer gemahlen 1 Prise / 0,5g. ()
Sahne, süß 30% 1 EL / 10g. (wenig)
Kartoffel 650 g. / 650g. (ja)
Weizen Mehl 200 g / 200g. (ja)
Huhn Ei 1 Stück / 60g. (ja)
Salz 1 Prise / 1g. (wenig)
Pfeffer gemahlen 1 Prise / 0,5g. ()
Muskatnuss 1 Prise / 0,2g. (ja)
Brennnessel 50 g. / 50g. (ja)
Löwenzahn (junger) 30 g. / 30g. (ja)

Schafgarbe 30 g. / 30g. (ja)
Kerbel getrocknet 10 g. / 10g. (ja)
Spitzwegerichtee 10 g. / 10g. (ja)
Petersilie 50 g. / 50g. (ja)
Olivenöl 1 EL / 10g. (ja)
Knoblauch 1 Stück / 2g. (ja)
Topfen (Quark) 20% 4 EL / 40g. (empfehlenswert)
Mayonnaise 50% 1 EL / 10g. (wenig)
Salz Kräutersalz 1/2 TL / 2g. (ja)
Schwarzkümmel 1 Prise / 1g. (ja)
Pfeffer gemahlen 1 Prise / 0,5g. ()
Emmentaler 10 dag. / 100g. (ja)

Kochanleitung:
Tomatensoße: Öl erhitzen und in Würfel geschnittene Zwiebel mit dem zerdrückten Knoblauch darin andünsten. Tomatenpüree zu den Zwiebeln geben, 2 Min. unter Rühren eindicken lassen, mit Salz und Pfeffer würzen, die Sahne zufügen und in eine feuerfeste Form füllen.
Kartoffelteig: Festkochende Kartoffeln gar kochen, schälen und durchpressen. In einer Schüssel mit Mehl, Parmesan, Ei und Gewürzen vermengen. Den Teig auf einer leicht bemehlten Arbeitsfläche ausrollen und in 5 cm große Vierecke schneiden.
Kräuterfüllung: Kräuter hacken und mit Öl, Knoblauch, Quark, Mayonnaise, Kräutersalz, zerstoßenem Schwarzkümmel und Pfeffer zu einer cremigen Masse vermischen. Mit einem Löffel jeweils etwas von der Füllung auf die Teigvierecke geben, zu
 einem Dreieck zusammenklappen, Ränder festdrücken und die Taschen in reichlich Salzwasser gar ziehen lassen, bis sie oben schwimmen. Auf die Tomaten geben, mit dem geriebenen Käse bestreuen und im Ofen goldbraun überbacken.

3.54 Kürbisklößchen mit Tomaten-Petersiliensoße

Schont die Verdauungsorgane, beruhigt Nerven und Magen, hilft Fett zu verdauen, senkt Blutdruck, regt Leberfunktion an, löst Stagnation. Gut bei Appetitlosigkeit, Blähungen.
Anzahl Portionen: 2
Kalorien p. Portion 381
Gramm p. Portion   277,35
Kochdauer ca.   30 Min.
Allergene: ACG
(Kohlehydrat:60,39% / Eiweiß & Fett:39,61%)
100g.≈ Eiweiß 20,46g. Fett:11,68g.
µg. - Ph:70,84 Na:40,59 Ka:124,45 Mg:12,56 Ca:44,62 Fe:0,87 Zn:0,25 Col.:22,16 Hsr.:24,25

Zutaten:
Hokkaidokürbis 100 g. / 100g. (ja)
Huhn Ei 2 Stück / 120g. (ja)
Weizen Mehl 100-150 g. / 120g. (ja)
Salz 1 Prise / 1g. (wenig)
Pfeffer gemahlen 1 Prise / 0,5g. ()
Muskatnuss 1 Prise / 0,2g. (ja)
Zitrone Schale 1/2 TL / 2g. (ja)
Parmesan 2 EL / 20g. (ja)
Zwiebel Frühlingszwiebel 2 Stück / 40g. (ja)
Tomate 100 g. / 100g. (empfehlenswert)
Petersilie 1/2 Bund / 50g. (ja)
Salz 1 Prise / 1g. (wenig)

Kochanleitung:
Kürbis mit einem scharfen Messer schälen, die Kerne entfernen und das Fruchtfleisch in große Würfel schneiden. Kürbis in Alufolie wickeln und im vorgeheizten Ofen bei 200 Grad 20 Min. backen. Eventuell ausgetretenen Kürbissaft abgießen. Kürbis mit der Gabel fein zerdrücken und mit den Eiern verrühren. So viel Mehl zugeben, bis ein Teig entstanden ist, aus welchem sich Klößchen abstechen lassen. Die Masse mit Zitronenschale, Salz, Pfeffer und Muskat würzen. Mit einem Teelöffel kleine Klößchen abstechen und im kochenden Salzwasser ca. 7 Min. ziehen lassen. In einer Pfanne die Zwiebeln glasig rösten und die Tomatenwürfel, Salz und die gehackte Petersilie kurz mit andünsten. Kürbisklößchen portionsweise mit der Tomaten-Petersilien-Soße anrichten und Parmesan dazu reichen.

3.55 Kürbisschnitzel mit Gewürzreis

Stärkt Lunge und Milz, harntreibend, reduziert Blutzucker, schützt und harmonisiert Leber, befeuchtet Darm, kühlt innere Hitze. Zur Entwässerung des Körpers bei Übergewicht und Bluthochdruck.
Anzahl Portionen: 4
Kalorien p. Portion 438
Gramm p. Portion 260,52
Kochdauer ca. 45 Min.
Allergene: AG
(Kohlehydrat:59,16% / Eiweiß & Fett:40,84%)
100g.≈ Eiweiß 4,2g. Fett:27,78g.
µg. - Ph:19,2 Na:5,08 Ka:46,56 Mg:8,07 Ca:12,07 Fe:0,16 Zn:0,02 Col.:0,25 Hsr.:5,34

Zutaten:
Butterschmalz 1/2 EL / 5g. (wenig)
Safran 1 Briefchen / 0,1g. (ja)
Kurkuma (Gelbwurz) 1 TL / 2g. (ja)
Reis Basmatireis 1 Tasse / 120g. (ja)
Wasser 1 Tasse / 120g. (ja)
Salz 1/2 TL / 2g. (wenig)
Kürbis 6-8 Scheiben / 400g. (ja)
Gerstenmehl 1 Tasse / 10g. (ja)
Brösel (Weizenbrot, Semmel) 1 Tasse / 10g. (ja)
Salz 1/2 TL / 2g. (wenig)
Pfeffer gemahlen 1 Prise / 1g. ()
Butter Bio 1 EL / 10g. (ja)
Sahne, süß 30% 1 1/2 Becher / 300g. (wenig)
Gerstenmehl 2 EL / 20g. (ja)
Lauchzwiebel Schnittlauch 3 EL / 20g. (ja)
Dill 3 EL / 20g. (ja)

Kochanleitung:
Das Fett in einem kleinen Topf schmelzen, Safran und Kurkuma hinzufügen und etwa 1-2 Min. bei mittlerer Hitze leicht rösten, damit die Aromen sich entfalten (Achtung: Die Gewürze dürfen auf keinen Fall verbrennen!). Den Reis zufügen und etwa 2 Min. unter ständigem Rühren braten. Salzen, Wasser dazugießen, umrühren und den Topf mit einem Deckel verschließen. Bei schwacher bis mittlerer Hitze kochen lassen, bis das Wasser fast vollständig aufgesogen ist, dann vom Herd nehmen und mit geschlossenem Deckel beiseite stellen und quellen lassen. Nicht mehr umrühren! Wenn das Wasser vollständig aufgesogen ist, ist der Reis fertig! Mehl, Semmelbrösel, Salz und Pfeffer verrühren. Die Kürbisscheiben mit Wasser oder verrührtem Ei anfeuchten, die Scheiben in der Mehlmischung wenden und vorsichtig in Butter braten, bis sie goldbraun sind und der Kürbis weich ist. In einem kleinen Topf die Butter schmelzen, Gerstenmehl darin bräunen und vom Herd nehmen. Die saure Sahne einrühren, salzen, pfeffern und die gehackten Kräuter unterziehen. Die Soße über die gebratenen Kürbisscheiben geben. Dazu den Reis servieren.

3.56 Lachs auf Tomaten-Spinat

Nährt und stärkt Blut, fördert Ausscheidung, fördert Durchblutung, stärkt Magen-Darm-Funktion, lindert Entzündungen, regeneriert Haut, harntreibend, senkt Cholesterinspiegel, fördert Schwitzen, löst Stagnation.

Anzahl Portionen: 6
Kalorien p. Portion 365
Gramm p. Portion 354,58
Kochdauer ca. 1 Stunde
Allergene: D
(Kohlehydrat:27,24% / Eiweiß & Fett:72,76%)
100g.≈ Eiweiß 29,54g. Fett:29,9g.
µg. - Ph:19,28 Na:7,43 Ka:53,46 Mg:5,01 Ca:8,25 Fe:0,27 Zn:0,01 Col.:0,28 Hsr.:12,16

Zutaten:
Kartoffel 500 g. / 500g. (ja)
Salz 1 Prise / 1g. (wenig)
Lachs 600 g. / 600g. (empfehlenswert)
Rapsöl 2 TL / 24g. (empfehlenswert)
Tomate 100 g. / 100g. (empfehlenswert)
Spinat 700 g. / 700g. (ja)
Salz 1 Prise / 1g. (wenig)
Pinienkerne 4 EL / 40g. (ja)
Lauch (Porree) 120 g. / 120g. (ja)
Olivenöl 4 EL / 40g. (ja)
Salz 1 Prise / 1g. (wenig)
Pfeffer weiss (gemahlen) 1 Prise / 0,5g. (ja)

Kochanleitung:
Kartoffeln schälen, würfelig schneiden und in Salzwasser gar kochen. Den Lachs in Portionen schneiden und in einer Pfanne von beiden Seiten, leicht mit Salz und Pfeffer gewürzt langsam und gleichmäßig braten, später die Pinienkerne dazugeben und leicht anrösten. Spinat in Salzwasser blanchieren, den klein geschnittenen Lauch mit etwas Rapsöl leicht anschwitzen, den blanchierten Spinat dazugeben und gleichmäßig erwärmen. Kurz vor dem Anrichten die halbierten Cocktailtomaten zum Spinat geben und das Gemüse gut mit Salz und Pfeffer abschmecken. Das Spinat-Lauch-Tomaten-Bett mit den Kartoffeln anrichten, den Lachs dazugeben und die gesalzenen Pinienkerne darauf streuen. Das Gericht mit wenig Olivenöl beträufeln und servieren.

3.57 Lasagne mit Tofucreme

Harmonisiert Milz und Magen, lindert Blähungen, schont die Verdauungsorgane, wirkt bei Appetitlosigkeit, Darmentzündung, Magengeschwür, Rheuma, Sodbrennen, Zwölffingerdarmgeschwür.

Anzahl Portionen: 4
Kalorien p. Portion 301
Gramm p. Portion 231
Kochdauer ca. 45 Min.
Allergene: ACEG
(Kohlehydrat:49,88% / Eiweiß & Fett:50,12%)
100g.≈ Eiweiß 19,3g. Fett:11,86g.
µg. - Ph:35,07 Na:14,02 Ka:27,57 Mg:16,2 Ca:29,05 Fe:0,36 Zn:0,05 Col.:3,83 Hsr.:15,29

Zutaten:
Soja Tofu 400 g. / 400g. (ja)
Huhn Ei 2 Stück / 100g. (ja)
Zwiebel weiss 2 Stück / 120g. (ja)
Tomate 100 g. / 100g. (empfehlenswert)
Oregano getrocknet 1 Prise / 1g. (ja)
Majoran 1 Prise / 1g. (ja)
Paprika (Rosenpaprikapulver) 1 Prise / 1g. (ja)
Salz 1 Prise / 1g. (wenig)
Nudeln (Weizen, Lasagneblätter) mit Ei 150 g. / 150g. (ja)
Edamer 50 g. / 50g. (ja)

Kochanleitung:
Tofucreme: Tofu mit Eiern, Zwiebeln, kleinen Tomaten, Oregano, Majoran, Paprika und etwas Jodsalz mit einer Küchenmaschine mit Messereinsatz oder einem Pürierstab zu einer glatten Masse verarbeiten. Lasagne: In eine Auflaufform (ca. 25 x 15 cm) 1/5 der Tofucreme geben, mit 3 Lasagneblätter abdecken, diesen Vorgang noch 2 x wiederholen und abschließend das letzte Fünftel der Tofucreme über die Teigplatten streichen. Mit etwas geriebenem Edamer bestreuen und im Backofen bei 175 Grad ca. 30 Min. backen.

3.58 Lauch-Kartoffel-Gratin

Lindert Entzündungen, verbessert Verdauung, regeneriert Haut, harntreibend, senkt Cholesterinspiegel, fördert Schwitzen, löst Stagnation.

Anzahl Portionen: 4
Kalorien p. Portion 369
Gramm p. Portion 346,62
Kochdauer ca. 1 Stunde
Allergene: CGL

(Kohlehydrat:56,02% / Eiweiß & Fett:43,98%)
100g.≈ Eiweiß 7,74g. Fett:16,47g.
µg. - Ph:13,71 Na:22,43 Ka:58,34 Mg:4,33 Ca:15,37 Fe:0,17 Zn:0,03 Col.:1,24 Hsr.:5,68

Zutaten:
Kartoffel 500 g. / 500g. (ja)
Lauch (Porree) 500 g. / 500g. (ja)
Apfel (sauer) 1 Stück / 200g. (empfehlenswert)
Creme fraîche 125 g. / 125g. (ja)
Grundrezept für eine Gemüsebrühe nahrhaft 50 ml / 20g. (ja)
Huhn Eigelb 1 Stück / 20g. (wenig)
Emmentaler 2 EL / 20g. (ja)
Salz 1 Prise / 1g. (wenig)
Pfeffer gemahlen 1 Prise / 0,5g. ()

Kochanleitung:
Kartoffeln waschen, schälen, in sehr dünne Scheiben schneiden und trockentupfen. Die Hälfte in eine flache, gefettete Auflaufform geben. Lauch putzen, waschen und in feine Ringe schneiden. Apfel waschen, schälen und in dünne Scheiben schneiden. Lauch und Apfel auf die Kartoffeln verteilen und die restlichen Kartoffelscheiben darüberlegen. Crème fraîche, Eigelb, geriebenen Emmentaler, Salz und Pfeffer verrühren, evtl. noch etwas Gemüsebrühe dazugeben und über den Auflauf gießen. Bei 200 Grad im Backofen ca. 45 bis 50 Min. goldgelb backen. Nach 30 Min. mit Pergamentpapier abdecken, um ein Austrocknen des Gratins zu verhindern.

3.59 Linsen-Kastanien-Suppe mit Curry

Senkt Blutdruck, bakterizid, stärkt Immunsystem, beugt Krebs vor, reduziert Strahlenverletzungen, stärkt Magen, löst Stagnation, fördert Gewichtsabnahme. Gut bei Abwehrschwäche, Appetitlosigkeit, Blähungen, Bluthochdruck, Depressionen, Diabetes, Durchfall
Anzahl Portionen: 4
Kalorien p. Portion 175
Gramm p. Portion 238,25
Kochdauer ca. 45 Min.
Allergene: LO
(Kohlehydrat:83% / Eiweiß & Fett:17%)
100g.≈ Eiweiß 4,17g. Fett:4,33g.
µg. - Ph:2,67 Na:3,8 Ka:7,98 Mg:4,63 Ca:15,86 Fe:0,06 Zn:0,02 Col.:0 Hsr.:2,07

Zutaten:
Linsen rot 150 g. / 150g. (ja)
Kastanien (Maronen) 150 g. / 150g. (ja)
Olivenöl 1 EL / 10g. (ja)
Curry 2 TL / 8g. (ja)
Kurkuma (Gelbwurz) 1 TL / 2g. (ja)
Grundrezept für eine Gemüsebrühe nahrhaft 1/2 Liter / 500g. (ja)
Weißwein 1/8 Liter / 125g. (wenig)
Salz Kräutersalz 1 Prise / 1g. (ja)
Anis (gemeiner Fenchel) 1 Prise / 1g. (ja)
Kardamom 1 Prise / 0,5g. (ja)
Petersilie 2 EL / 6g. (ja)

Kochanleitung:
Olivenöl in eine Pfanne geben, Kastanien darin kurz andünsten, Curry drüberstreuen, Linsen zugeben und mit Gemüsebrühe aufgießen. Ganz wenig Weißwein zugeben, Kurkuma untermischen, aufkochen lassen und rund 20 Min. köcheln lassen, bis die Kastanien weich sind. Anschließend die Suppe pürieren und abschmecken mit einer Prise Anis, Kardamom und Kräutersalz. Am Schluss klein geschnittene Petersilie drüberstreuen.

3.60 Marinierter Kabeljau auf Kürbispüree

Lindert Entzündungen, verbessert Verdauung, stärkt Milz, Lunge, Magen und Nieren, harntreibend, reduziert Blutzucker, löst Stagnation. Gut bei Verstopfung und Blähungen.
Anzahl Portionen: 4
Kalorien p. Portion   202
Gramm p. Portion   288,65
Kochdauer ca.   2 Stunden
Allergene: DG
(Kohlehydrat:49,4% / Eiweiß & Fett:50,6%)
100g.≈ Eiweiß 17,24g. Fett:5,13g.
µg. - Ph:21,61 Na:8,06 Ka:68,86 Mg:5,61 Ca:8,42 Fe:0,1 Zn:0,02 Col.:1,02 Hsr.:10,18

Zutaten:
Kartoffel 6 Stück / 400g. (ja)
Kürbis 200 g / 200g. (ja)
Zwiebel weiss 1 Stück / 50g. (ja)
Oregano getrocknet 1/2 TL / 1g. (ja)
Zitrone Saft 1/2 Stück / 15g. (ja)
Salz 1 Prise / 1g. (wenig)
Pfeffer gemahlen 1 Prise / 0,3g. ()
Creme fraîche 2 EL / 30g. (ja)

Joghurt (natur, 1,5 % Fett) 150 g. / 150g. (empfehlenswert)
Oregano getrocknet 1/4 TL / 1g. (ja)
Basilikum (frisch) 1/2 TL / 2g. (ja)
Kabeljau 300 g. / 300g. (empfehlenswert)
Salz 1 Prise / 1g. (wenig)
Pfeffer gemahlen 1 Prise / 0,3g. ()
Olivenöl 1 TL / 3g. (ja)

Kochanleitung:
Joghurt mit Oregano, Basilikum und Thymian vermischen. Fischfilets abwaschen, trockentupfen, in eine flache Form legen und mit der Marinade übergießen. 2 Std. im Kühlschrank durchziehen lassen. Kartoffeln in Salzwasser weich kochen und schälen. Gewürfelte Zwiebel in Öl glasig dünsten, den kleingewürfelten Kürbis zugeben und ca. 10 Min. braten. Oregano, Zitronensaft, Salz, Pfeffer und die Crème fraîche dazugeben und mit dem Mixstab pürieren. Fischfilets aus der Marinade nehmen, abtropfen lassen, trockentupfen und salzen. Eine beschichtete Grillpfanne mit 2 TL Öl bestreichen und die Fischfilets auf beiden Seiten je 3-4 Min. braten und mit den Kartoffeln auf dem Kürbispüree anrichten.

3.61 Misosuppe mit Tofu

Liefert Vitamine, Mineralien, Enzyme und sekundäre Pflanzenwirkstoffe. Alginsäure entgiftet den Darm, löst Stagnation. Belebt, entgiftet, stärkt das Immunsystem, fördert Verdauung, stärkt Magen, lindert Blähungen.
Anzahl Portionen: 3
Kalorien p. Portion 51
Gramm p. Portion 231,33
Kochdauer ca. 5 min.
Allergene: E
(Kohlehydrat:43,33% / Eiweiß & Fett:56,67%)
100g.≈ Eiweiß 4,44g. Fett:1,66g.
µg. - Ph:11,31 Na:58,1 Ka:19,06 Mg:5,88 Ca:7,16 Fe:0,06 Zn:0,01 Col.:0 Hsr.:3,33

Zutaten:
Wakame 1 Stück / 5g. (ja)
Miso 3-4 EL / 30g. (ja)
Soja Tofu 50 g. / 50g. (ja)
Wasser 1/2 Liter / 500g. (ja)
Sojasauce 1 Schuss / 3g. (ja)
Zwiebel Frühlingszwiebel 1/2 EL / 6g. (ja)

Kochanleitung:
Wasser, Sojakeimlinge, Wakamealge und in Würfel geschnittenen Tofu

5 Min. aufwärmen. Misopaste in Suppenteller geben und langsam mit heißer Suppe übergießen. Mit Tamari abschmecken. Eventuell Frühlingszwiebeln dazugeben.

3.62 Nudeln mit Putenfleisch und Ananas

Bakterizid, liefert Vitamin C, stärkt Blut, baut Milz und Magen auf, stärkt Knochenmark, lindert Entzündungen, harntreibend.

Anzahl Portionen: 4
Kalorien p. Portion 292
Gramm p. Portion 333,12
Kochdauer ca. 45 Min.
Allergene: ACGL
(Kohlehydrat:53,34% / Eiweiß & Fett:46,66%)
100g.≈ Eiweiß 17,59g. Fett:11,45g.
µg. - Ph:22,17 Na:12,05 Ka:50,8 Mg:7,11 Ca:16,79 Fe:0,18 Zn:0,05 Col.:0,98 Hsr.:12,27

Zutaten:
Nudeln (Vollkorn) mit Ei 200 g / 200g. (empfehlenswert)
Ananas 200 g / 200g. (ja)
Wasser 100 ml. / 50g. (ja)
Pute Brustfleisch 200 g / 200g. (empfehlenswert)
Rapsöl 1 EL / 12g. (empfehlenswert)
Knoblauch 1 Stück / 2g. (ja)
Grundrezept für eine Gemüsebrühe nahrhaft 100 ml. / 100g. (ja)
Kuhmilch (Vollmilch 3,5 % Fett) 180 ml. / 180g. (ja)
Frischkäse 75 g. / 75g. (ja)
Curry 3 tl / 6g. (ja)
Salz 1 Prise / 1g. (wenig)
Pfeffer gemahlen 1 Prise / 0,5g. ()
Granatapfel 1 Stück / 300g. (ja)
Kokosflocken 1 EL / 6g. (ja)

Kochanleitung:
Die Nudeln in Salzwasser gar kochen. Die Ananas würfelig schneiden und 5 Min. in Wasser köcheln. Das in Streifen geschnittene Fleisch in Öl anbraten, den gehackten Knoblauch und die in Stücke geschnittene Ananas zufügen, etwa 50 ml vom Ananassaft zugeben und die Gemüsebrühe einrühren. Die Milch und den Frischkäse einrühren, bis er sich vollständig aufgelöst hat. Nun den Curry dazugeben und ein paar Minuten köcheln lassen, bis eine cremige Konsistenz erreicht ist. Mit Salz und Pfeffer abschmecken. Jetzt die Nudeln in die fertige Soße geben. Den Granatapfel aufschneiden und die Kerne auslösen. Beliebig viele Kerne auf den angerichteten Nudeln verteilen. Wer mag, kann Kokosraspeln darüber streuen.

3.63 Nudelsuppe

Schont die Verdauungsorgane, entgiftet, senkt Blutdruck, bakterizid, stärkt Immunsystem, Muskeln, Sehnen und Knochen, regt Leberfunktion an. Wirkt bei Appetitlosigkeit und Blähungen.

Anzahl Portionen: 8
Kalorien p. Portion 237
Gramm p. Portion 303,88
Kochdauer ca. 1 1/2 Stunden
Allergene: ACEGL
(Kohlehydrat:63,55% / Eiweiß & Fett:36,45%)
100g.≈ Eiweiß 14,74g. Fett:5,04g.
µg. - Ph:8,6 Na:5,71 Ka:23,73 Mg:2,3 Ca:3,96 Fe:0,15 Zn:0,02 Col.:0,34 Hsr.:7,1

Zutaten:
Rind Suppenfleisch 300 g. / 300g. (ja)
Wasser 1 Liter / 900g. (ja)
Lorbeerblatt 1 Stück / 1g. (ja)
Karotte (Mohrrübe, Möhre) 300 g. / 300g. (empfehlenswert)
Sellerie Stangensellerie 1 Staude / 200g. (empfehlenswert)
Blumenkohl (Karfiol) 300 g. / 300g. (empfehlenswert)
Petersilie 1 Bund / 100g. (ja)
Nudeln (Weizen) mit Ei 300 g. / 300g. (ja)
Butter Bio 1 EL / 10g. (ja)
Salz 1 TL / 2g. (wenig)
Sojasauce 1 EL / 8g. (ja)
Tomatenmark 1 EL / 10g. (ja)

Kochanleitung:
Das Fleisch abwaschen und im Wasser mit dem Lorbeerblatt bei schwacher Hitze etwa 30 Min. köcheln lassen. Die Karotten schälen und in Scheiben schneiden. Von der Selleriestaude das untere Ende und die Blätter abtrennen. Die Stiele waschen, die zähen Fäden abziehen und die Stiele in etwa 1 cm dicke Scheiben schneiden. Rosenkohl waschen, putzen und dabei die Röschen von unten kreuzweise einschneiden. Die Petersilie waschen und klein schneiden. Rosenkohl und Karottenscheiben zur Suppe geben und alles etwa 30 Min. weiterkochen. Nach etwa 10 Min. den Sellerie samt grünen Blättern sowie die Nudeln dazugeben. Zum Schluss Lorbeerblatt und Selleriegrün entfernen. Für das Baby etwa 200-250 g Karotten, Sellerie und Nudeln mit Brühe abnehmen. Etwa 35 g Fleisch fein hacken und zur Babysuppe geben. Butter und 1 TL gehackte Petersilie unterrühren. Die restliche Suppe mit Salz, Sojasoße, Tomatenmark und der restlichen Petersilie würzen. Das Fleisch herausheben, von Fett und Knochen befreien und würfeln und in der Suppe servieren.

3.64 Ofenkartoffeln mit Sellerie-Quark

Stärkt Milz, lindert Entzündungen, verbessert Verdauung, regeneriert die Haut, harntreibend, senkt Cholesterinspiegel.

Anzahl Portionen: 2
Kalorien p. Portion 304
Gramm p. Portion 398
Kochdauer ca. 30 Min.
Allergene: GL
(Kohlehydrat:52% / Eiweiß & Fett:48%)
100g.≈ Eiweiß 15,61g. Fett:24,04g.
µg. - Ph:19,06 Na:6,87 Ka:59,91 Mg:7,16 Ca:24,85 Fe:0,1 Zn:0,08 Col.:1,01 Hsr.:3,76

Zutaten:
Sellerie Knolle 80 g. / 80g. (empfehlenswert)
Grundrezept für eine Gemüsebrühe nahrhaft 100 ml. / 100g. (ja)
Kümmel gemahlen 1 Prise / 0,2g. (ja)
Zitrone Schale 1/2 TL / 1g. (ja)
Salz 1 Prise / 1g. (wenig)
Pfeffer gemahlen 1 Prise / 0,2g. ()
Zitrone Saft 1 TL / 3g. (ja)
Topfen (Quark) 20% 200 g. / 200g. (empfehlenswert)
Creme fraîche 1/2 EL / 5g. (ja)
Kartoffel 6 Stück / 400g. (ja)
Olivenöl 2 TL / 5g. (ja)
Salz 1 Prise / 1g. (wenig)

Kochanleitung:
Sellerie-Quark: Sellerie in Gemüsebrühe (nach Grundrezept) mit Kümmel und Zitronenschale zum Kochen bringen und zugedeckt ca. 8 Min. köcheln lassen, bis er weich und die Gemüsebrühe fast verdampft ist. Dann alles mit Zitronensaft mit dem Mixstab fein pürieren, mit dem Quark glatt rühren und mit Salz und Pfeffer abschmecken.
Ofenkartoffel: Den Ofen auf 200 Grad vorheizen. Kartoffeln gut abbürsten, längs halbieren und mit der Schnittfläche nach oben nebeneinander auf ein Backblech setzen. Schnittflächen leicht salzen, mit Öl beträufeln und im Ofen ca. 25 Min. backen. Sellerie-Quark zu den Kartoffeln reichen.

3.65 Palatschinken mit Spinat und Parmesan

Fördert Ausscheidung und Durchblutung, stärkt Magen, Darm und Immunsystem. Gut bei Appetitlosigkeit, Blähungen, Bluthochdruck, Depressionen, Diabetes, Verstopfung, Darmentzündung.

Anzahl Portionen: 6
Kalorien p. Portion 329
Gramm p. Portion 303
Kochdauer ca. 25 Min.
Allergene: ACGL
(Kohlehydrat:46% / Eiweiß & Fett:54%)
100g.≈ Eiweiß 17,5g. Fett:18,52g.
µg. - Ph:3,27 Na:3,24 Ka:6,47 Mg:0,96 Ca:4,52 Fe:0,05 Zn:0,02 Col.:1,32 Hsr.:1,02

Zutaten:
Vollkornmehl 100 g. / 100g. (empfehlenswert)
Weizen Mehl 100 g. / 100g. (ja)
Huhn Ei 4 Stück / 200g. (ja)
Kuhmilch (Vollmilch 3,5 % Fett) 400 ml. / 400g. (ja)
Salz 1 Prise / 1g. (wenig)
Sonnenblumenöl 1 EL / 15g. (ja)
Olivenöl 1 EL / 15g. (ja)
Zwiebel weiss 1 Stück / 50g. (ja)
Petersilie 1/2 Bund / 80g. (ja)
Grundrezept für eine Gemüsebrühe nahrhaft 150 ml. / 150g. (ja)
Basilikum (frisch) 1/4 TL / 1g. (ja)
Muskatnuss 1 Prise / 0,3g. (ja)
Creme fraîche 3 EL / 45g. (ja)
Spinat 600 g. / 600g. (ja)
Salz 1 Prise / 1g. (wenig)
Pfeffer gemahlen 1 Prise / 0,1g. ()
Parmesan 60 g. / 60g. (ja)

Kochanleitung:
Mehl, Eier, Milch und eine Prise Salz mit dem Schneebesen glatt rühren. Aus dem Teig Palatschinken auf beiden Seiten knusprig braun braten. Öl in einem kleinen Topf erhitzen und kleingeschnittene Zwiebel darin gut weich dünsten. Kleingehackte Petersilie unterrühren und kurz mitdünsten. Mit der Gemüsebrühe (nach Grundrezept) aufgießen, mit Basilikum und Muskat würzen und zugedeckt 15 Min. köcheln lassen. Crème fraîche zugeben und alles fein pürieren. Den gewaschenen tropfnassen Spinat mit etwas Salz in einem geschlossenen Topf bei mäßiger Hitze 3 Min. kochen, in einem Sieb abtropfen lassen und in kleine Stücke schneiden. Spinat in die Soße einrühren und kurz erhitzen. Parmesan untermischen. Die Palatschinken mit dem

Rahmspinat füllen.

3.66 Pikante Avocadocreme mit Hüttenkäse

Hilft bei Entzündungen, Schwellungen, Schmerzen und Juckreiz. Stärkt Magen und Verdauungssystem, entgiftet, bakterizid.

Anzahl Portionen: 4
Kalorien p. Portion   613
Gramm p. Portion   271,25
Kochdauer ca.   15 Min.
Allergene: G
(Kohlehydrat:39% / Eiweiß & Fett:61%)
100g.≈ Eiweiß 11,04g. Fett:40,92g.
µg. - Ph:7,44 Na:14,84 Ka:19,28 Mg:1,27 Ca:2,23 Fe:0,03 Zn:0,03 Col.:0,06 Hsr.:1,09

Zutaten:
Avocado 2 Stück / 600g. (ja)
Pfeffer gemahlen 1 Prise / 0,5g. ()
Salz 1 Prise / 1g. (wenig)
Zitrone Saft 1/2 Stück / 15g. (ja)
Paprika (Rosenpaprikapulver) 1 Prise / 1g. (ja)
Olivenöl 1 EL / 10g. (ja)
Chili (Schote oder gemahlen) 1 Prise / 0,5g. (ja)
Kräuter verschiedene 1 EL / 7g. (ja)
Hüttenkäse 1 Becher / 250g. (ja)
Brot mit Johannisbrotkernmehl 8 Scheiben / 200g. (ja)

Kochanleitung:
Avocadofleisch pürieren und mit reichlich gemahlenem Pfeffer, Zitronensaft, Rosenpaprika, einigen Tropfen Öl, Chili, frischen gehackten Kräutern und einer Prise Salz würzen. Hüttenkäse (etwa gleiche Menge wie Avocadocreme) vorsichtig untermengen. Passt zu: Kartoffeln und Hirse, mit denen die Avocadocreme in Kombination mit Gemüsegerichten, Hülsenfrüchten oder Blattsalaten eine delikate Mahlzeit ergibt. Eignet sich auch sehr gut als Vorspeise oder als Mitbringsel auf Partys und als Morgenmahlzeit im Sommer, zusammen mit einem milden Gericht aus Linsen oder Adzukibohnen und geraspeltem Rettich.

3.67 Pikante Tofu-Gemüse-Pfanne

Stärkt Magen, lindert Verstopfung, entgiftet, lindert Entzündungen, verbessert Durchblutung, fördert Schwitzen, löst Stagnation, lindert Blähungen, senkt Blutdruck, bakterizid, stärkt Immunsystem, beugt Krebs vor, reduziert Strahlenverletzungen.

Anzahl Portionen: 4
Kalorien p. Portion 241
Gramm p. Portion 329,38
Kochdauer ca. 25 Min.
Allergene: EN
(Kohlehydrat:67,31% / Eiweiß & Fett:32,69%)
100g.≈ Eiweiß 7,37g. Fett:7,33g.
µg. - Ph:15,05 Na:17,26 Ka:39,42 Mg:9,54 Ca:13,3 Fe:0,3 Zn:0,02 Col.:0,01 Hsr.:7,29

Zutaten:
Sesamöl 2 EL / 20g. (empfehlenswert)
Karotte (Mohrrübe, Möhre) 2 Stück / 100g. (empfehlenswert)
Fenchel 1 Stück / 250g. (empfehlenswert)
Lauch (Porree) 1 Stück / 200g. (ja)
Salz 1 Prise / 1g. (wenig)
Kurkuma (Gelbwurz) 1 Prise / 1g. (ja)
Zitrone Saft 1 Spritzer / 1g. (ja)
Soja Tofu 1 Paket / 120g. (ja)
Pfeffer gemahlen 1 Prise / 0,5g. ()
Sojasauce 1 Schuss / 3g. (ja)
Reis Vollkorn 1 Tasse / 120g. (empfehlenswert)
Wasser 6 Tassen / 500g. (ja)
Salz 1 Prise / 1g. (wenig)

Kochanleitung:
In einem heißen Wok oder einer heißen Pfanne Sesamöl erhitzen. Kleingeschnittene Karotten, Fenchel und Lauchscheiben darin anbraten und mit Salz, einem Spritzer Zitronensaft und Kurkuma würzen. Tofuwürfel 1-2 Min. mitbraten. Pfeffer dazugeben und zugedeckt etwa 5 Min. schmoren lassen, dann mit Sojasoße beträufeln. Den Reis in gesalzenem Wasser aufkochen lassen und bei kleiner Hitze ca. 15 Min. quellen lassen.

3.68 Putenbrust mit Gemüse (asiatisch)

Stärkt Blut, baut Milz und Magen auf, stärkt Knochenmark, löst Stagnation, fördert die Verdauung, gut gegen Depressionen. Reis zur Entwässerung des Körpers bei Übergewicht und Bluthochdruck.

Anzahl Portionen: 2
Kalorien p. Portion 535
Gramm p. Portion 371
Kochdauer ca. 45 Min.
Allergene: AEN
(Kohlehydrat:54% / Eiweiß & Fett:46%)
100g.≈ Eiweiß 31,92g. Fett:18,02g.
µg. - Ph:27,73 Na:66,82 Ka:46,74 Mg:7,57 Ca:3,14 Fe:0,2 Zn:0,21 Col.:4,05 Hsr.:15,18

Zutaten:
Reis Sorte beliebig 1 Tasse / 120g. (ja)
Wasser 6 Tassen / 240g. (ja)
Pute Brustfleisch 200 g / 200g. (empfehlenswert)
Ingwer frisch 1 cm. / 3g. (ja)
Knoblauch 1 Stück / 2g. (ja)
Sojasauce 2 EL / 20g. (ja)
Weizen Mehl 2 TL / 15g. (ja)
Zwiebel Frühlingszwiebel 2 Stück / 40g. (ja)
Paprika 1/2 Stück / 10g. (empfehlenswert)
Champignon 8 Stück / 30g. (ja)
Sesamöl 2 EL / 20g. (empfehlenswert)
Sojasauce 1 EL / 12g. (ja)
Curry 1 Prise / 2g. (ja)
Kurkuma (Gelbwurz) 1 Prise / 2g. (ja)
Chili (Schote oder gemahlen) 1 Prise / 1g. (ja)
Cashewnüsse 2 TL / 25g. (ja)

Kochanleitung:
Reis im Salzwasser gar kochen. Das Putenfleisch in schmale Streifen schneiden. Ingwer und Knoblauch schälen und würfeln und zusammen mit den Fleischstreifen in eine Schüssel geben. 1 EL Sojasoße mit der Weizenstärke vermischen und glattrühren. Danach über das Fleisch geben und alles 30 Min. marinieren. Frühlingszwiebeln und Paprika waschen, putzen und in kleine Stücke schneiden. Die Champignons putzen und vierteln.1 EL des Sesamöls in eine beschichtete Pfanne geben und das marinierte Putenfleisch scharf anbraten und warm stellen. Nun das restliche Öl in die Pfanne geben und das andere Gemüse darin anbraten. Das Fleisch dazugeben und mit Sojasoße und den Gewürzen abschmecken. Mit dem Reis anrichten. Die Cashewkerne vor dem Servieren über das Gericht streuen.

3.69 Quarkknödel auf Erdbeermus

Erdbeeren stärken Milz, Magen und Blut. Eier beruhigen Nerven und Magen.

Anzahl Portionen: 5
Kalorien p. Portion 553
Gramm p. Portion 296,2
Kochdauer ca. 30 Min.
Allergene: ACG
(Kohlehydrat:40,09% / Eiweiß & Fett:59,91%)
100g.≈ Eiweiß 18,89g. Fett:46,85g.
µg. - Ph:26,63 Na:18,36 Ka:29,44 Mg:4,74 Ca:12,16 Fe:0,21 Zn:0,02 Col.:2,41 Hsr.:3,59

Zutaten:
Topfen (Quark) 20% 500 g. / 500g. (empfehlenswert)
Dinkel Gries 150 g. / 150g. (ja)
Butter Bio 40 g. / 40g. (ja)
Huhn Ei 2 Stück / 120g. (ja)
Zucker (Staubzucker) 2 EL / 20g. (wenig)
Salz 1 Prise / 1g. (wenig)
Brösel (Weizenbrot, Semmel) 3 EL / 25g. (ja)
Butter Bio 100 g. / 100g. (ja)
Erdbeere 500 g. / 500g. (empfehlenswert)
Zucker (Staubzucker) 3 EL / 25g. (wenig)

Kochanleitung:
Quark, Grieß, Butter, Eier, Puderzucker und Salz zu einem glatten Teig verrühren. Den Teig ca. 15 Min. im Kühlschrank ruhen lassen. Danach kleine Knödel (ca. 4 cm) formen und in leicht kochendem Salzwasser ca. 10 Min. ziehen lassen. In einer Pfanne Butter erwärmen und die Brösel darin goldbraun anrösten. Die Knödel vorsichtig in den Bröseln wälzen. Aus Erdbeeren und Puderzucker mit dem Mixstab ein Mus pürieren und zu den Knödeln reichen.

3.70 Reis-Congee mit Hühnerleber und Bocksdornfrüchten

Gut bei Durchblutungsstörungen, Thrombose, Emboliegefahr, Bluthochdruck, Kopfschmerzen, Herzinfarkt und Schlaganfall. Enthält viele Vitamine und Mineralien und hat ein hochwertiges Aminosäurenprofil. Reguliert Blutdruck und Blutzuckerspiegel, stärkt Magen

Anzahl Portionen: 3
Kalorien p. Portion 176
Gramm p. Portion 307,67

Kochdauer ca. 3 Stunden
Allergene: EO
(Kohlehydrat:93,86% / Eiweiß & Fett:6,14%)
100g.≈ Eiweiß 7,51g. Fett:1,45g.
µg. - Ph:13,48 Na:8,14 Ka:12,68 Mg:88,73 Ca:84,13 Fe:0,25 Zn:0,05 Col.:1,44 Hsr.:7,24

Zutaten:
Grundrezept für eine Reissuppe (Congee) 5 Tassen / 800g. (ja)
Huhn Leber 1/2 Tasse / 60g. (wenig)
Bocksdornfrüchte (Fructus Lycii) getrocknet 1/2 Tasse / 60g. (ja)
Sojasauce 1 Schuss / 3g. (ja)

Kochanleitung:
Grundrezept für Reis-Congee herstellen, Hühnerleber und Bocksdornfrüchte mitkochen und mit Sojasoße abschmecken.

3.71 Rindfleisch-Kürbis-Gemüse-Eintopf

Lindert Entzündungen, verbessert Verdauung, reduziert Blutzucker, stärkt Muskeln, Sehnen und Knochen, hilft Fett zu verdauen.
Anzahl Portionen: 4
Kalorien p. Portion 368
Gramm p. Portion 403,88
Kochdauer ca. 1 Stunde
Allergene: AL
(Kohlehydrat:47,68% / Eiweiß & Fett:52,32%)
100g.≈ Eiweiß 30,33g. Fett:11,31g.
µg. - Ph:18,15 Na:12,9 Ka:63,49 Mg:6,73 Ca:14,8 Fe:0,3 Zn:0,08 Col.:1 Hsr.:11,31

Zutaten:
Rind Fleisch 350 g. / 350g. (ja)
Kürbis 350 g. / 350g. (ja)
Lauch (Porree) 150 g. / 150g. (ja)
Kartoffel 350 g. / 350g. (ja)
Tomate 150 g. / 150g. (empfehlenswert)
Olivenöl 2 EL / 25g. (ja)
Grundrezept für eine Gemüsebrühe nahrhaft 125 g. / 125g. (ja)
Salz 1 Prise / 1g. (wenig)
Pfeffer gemahlen 1 Prise / 0,5g. ()
Paprika (Rosenpaprikapulver) 1 TL / 2g. (ja)
Kümmel gemahlen 1 Prise / 1g. (ja)
Zucker Ursüße (Zuckerrohr) süß 1 Prise / 1g. (wenig)
Petersilie 1/2 Bund / 30g. (ja)
Weißbrot (Weizenbrot) 4 Scheiben / 80g. (wenig)

Kochanleitung:
Rindfleisch in Würfel schneiden. Kürbis schälen und würfeln. Lauch in Ringe schneiden und geschälte Kartoffeln würfeln. Die Tomaten mit kochendem Wasser überbrühen, Haut abziehen und würfeln. Fleisch in Olivenöl anbraten und mit Gemüsebrühe auffüllen. Das geputzte Gemüse dazugeben und mit Salz, Pfeffer, Paprika, Kümmel und Fruchtzucker abschmecken. 30 Min. bei schwacher Hitze schmoren. Noch einmal würzen und mit Petersilie bestreut mit Weißbrot servieren.

3.72 Rührei mit Blattsalat-Oliven-Tomaten

Beruhigt Nerven und Magen, lindert Müdigkeit, verbessert Magen-Darm-Funktionen, fördert Verdauung, regt Leberfunktion an, entgiftet, hilft Fett zu verdauen, harntreibend, senkt Blutdruck.
Anzahl Portionen: 1
Kalorien p. Portion 420
Gramm p. Portion 264,5
Kochdauer ca. 10 min.
Allergene: C
(Kohlehydrat:8,12% / Eiweiß & Fett:91,88%)
100g.≈ Eiweiß 24,41g. Fett:33,87g.
µg. - Ph:158,24 Na:226,06 Ka:184,43 Mg:13,79 Ca:53,45 Fe:1,72 Zn:1,03 Col.:269,53 Hsr.:7,45

Zutaten:
Huhn Ei 2-3 Stück / 180g. (ja)
Olivenöl 1 EL / 10g. (ja)
Salz 1 Prise / 1g. (wenig)
Pfeffer gemahlen 1 Prise / 0,5g. ()
Oliven 6 Stück / 10g. (ja)
Tomate 1 Stück / 50g. (empfehlenswert)
Kopfsalat 2 Blätter / 5g. (empfehlenswert)
Kurkuma (Gelbwurz) 1 Prise / 1g. (ja)
Petersilie 1/2 EL / 5g. (ja)
Basilikum (frisch) 2-3 Blatt / 2g. (ja)

Kochanleitung:
In der Pfanne Olivenöl erhitzen, Tomate in Scheiben schneiden und Salat in kleine Stücke zupfen. Tomaten, Salat und Oliven kurz andünsten und dabei die Eier mit Salz und Gewürzen mit einer Gabel verrühren und diese Masse in die Pfanne eingießen. Mit einem Holzlöffel umrühren, bis die gewünschte Konsistenz erreicht ist.
Gewürze und Kräuter: Kurkuma, Petersilie, Basilikum, Schwarzkümmel.
Variante: Zucchini, Rucola

3.73 Rührei mit Rucola und Kräutern

Beruhigt Nerven und Magen, fördert Verdauung, entgiftet, stärkt Säfteproduktion, treibt Schweiß, reduziert Blutfett, regt an, löst Stagnation, regt Leberfunktion an, harmonisiert Leber und Milz, stärkt Sehkraft, entgiftet.

Anzahl Portionen: 1
Kalorien p. Portion   360
Gramm p. Portion   191
Kochdauer ca.   10 Min
Allergene: CG
(Kohlehydrat:11% / Eiweiß & Fett:89%)
100g.≈ Eiweiß 16,61g. Fett:30,38g.
µg. - Ph:156,1 Na:98,06 Ka:229,29 Mg:15,37 Ca:66,01 Fe:1,96 Zn:0,98 Col.:273,93 Hsr.:9,63

Zutaten:
Butter Bio 2 EL / 20g. (ja)
Ingwer frisch 1 Messerspitze / 1g. (ja)
Huhn Ei 2 Stück / 120g. (ja)
Pfeffer gemahlen 1 Prise / 0,5g. ()
Koriander 1 Prise / 1g. (ja)
Petersilie 2 EL / 16g. (ja)
Oregano getrocknet 1 TL / 2g. (ja)
Bohnenkraut 1 Prise / 0,5g. (empfehlenswert)

Kochanleitung:
Ein Stück Butter in einer Pfanne schmelzen lassen. Etwas kleingeschnittenen Ingwer kurz darin anbraten. 1 Ei darin aufschlagen und frisch gemahlenen Pfeffer, eine Prise Koriander, Bohnenkraut, etwas Salz, gehackte Petersilie, Rucola und Oregano (kleingeschnitten) unterrühren, bis das Ei stockt, aber noch saftig ist. Dazu passt: Hirse, Polenta, Kartoffeln, getoastetes Brot. Bekömmlicher ist das Gericht jedoch ohne Kohlehydrate.

3.74 Schwarzwurzel mit Joghurt

Schwarzwurzeln regen Nieren, Blase und damit die Reinigung des Körpers an. Sie stimulieren im physiologischen
  Sinne allgemein die Drüsen im Organismus. Gut bei akuter oder chronischer Verstopfung des Darmes. Liefern Vitamine und Spurenelemente.

Anzahl Portionen: 2
Kalorien p. Portion   319
Gramm p. Portion   304,5
Kochdauer ca.   20 min

Allergene: AG
(Kohlehydrat:76,55% / Eiweiß & Fett:23,45%)
100g.≈ Eiweiß 7,98g. Fett:2,08g.
µg. - Ph:45,41 Na:46,46 Ka:135,9 Mg:13,05 Ca:30,12 Fe:1,28 Zn:0,12 Col.:0,16 Hsr.:28,83

Zutaten:
Schwarzwurzel 1/2 Kg. / 400g. (ja)
Joghurt (natur, 1,5 % Fett) 4 EL / 80g. (empfehlenswert)
Kräuter verschiedene 1 EL / 8g. (ja)
Salz 1 Prise / 1g. (wenig)
Mehrkornbrot (Graubrot) 6 Scheiben / 120g. (ja)

Kochanleitung:
Schwarzwurzel schälen und in Salzwasser kochen bis sie weich sind. Das Wasser wegschütten, Schwarzwurzel auskühlen lassen und klein schneiden. Mit Joghurt übergießen und mit frischen Kräutern bestreuen. Mit dem Mehrkornbrot servieren.

3.75 Selleriesuppe

Stärkt Magen, beruhigt Nerven, fördert Appetit und Verdauung, löst Stagnation.
Anzahl Portionen: 4
Kalorien p. Portion 101
Gramm p. Portion 285,62
Kochdauer ca. 45 Min.
Allergene: ACGL
(Kohlehydrat:43,65% / Eiweiß & Fett:56,35%)
100g.≈ Eiweiß 4,33g. Fett:5,7g.
µg. - Ph:11,03 Na:20,2 Ka:44,23 Mg:2,49 Ca:11,41 Fe:0,11 Zn:0,01 Col.:1,44 Hsr.:8,46

Zutaten:
Wasser 1/2 Liter / 500g. (ja)
Butter Bio 1 EL / 15g. (ja)
Muskatnuss 1 Prise / 1g. (ja)
Salz 1 Prise / 1g. (wenig)
Dinkel Vollkornmehl 2-3 TL / 25g. (ja)
Sellerie Knolle 1 Stück / 500g. (empfehlenswert)
Huhn Ei 1 Stück / 55g. (ja)
Sahne sauer 10% 2-3 EL / 25g. (ja)
Sellerie Stangensellerie 2 EL / 20g. (empfehlenswert)
Pfeffer gemahlen 1 Prise / 0,5g. ()

Kochanleitung:
1 EL Butter in einem Topf zerlassen. Eine Messerspitze Muskat, eine Prise Salz und 2-3 TL Dinkelvollkornmehl (fein und möglichst frisch gemahlen) hineingeben und unter Rühren zu einer Schwitze verarbeiten. 500 ml heißes Wasser nach und nach einrühren und den großen, fein geschnittenen Knollensellerie zugeben. Etwa 35 Min. garen und danach pürieren. 1 Eigelb mit der Sahne verrühren und in der heißen, nicht mehr kochenden Suppe, kräftig untermengen. Einige Sellerieblätter fein gehackt dazugeben und mit Pfeffer und Salz abschmecken.

3.76 Steinpilz-Räuchertofu-Aufstrich auf Toastbrot

Gut bei Appetitlosigkeit, Blähungen, Verdauungsstörungen. Verbessert Schilddrüsenfunktion.

Anzahl Portionen: 2
Kalorien p. Portion   169
Gramm p. Portion   227,75
Kochdauer ca.   1 Stunde
Allergene: AEMO
(Kohlehydrat:27,88% / Eiweiß & Fett:72,12%)
100g.≈ Eiweiß 15,23g. Fett:8,01g.
µg. - Ph:55,57 Na:53,54 Ka:112,96 Mg:33,53 Ca:39,19 Fe:0,69 Zn:0,12 Col.:0 Hsr.:35,09

Zutaten:
Steinpilz/Herrenpilz 150 g. / 150g. (ja)
Soja Tofu geräuchert 200 g / 200g. (ja)
Olivenöl 1/2 EL / 5g. (ja)
Essiggurke 1 EL / 10g. (ja)
Muskatnuss 1 Prise / 1g. (ja)
Salz 1 Prise / 1g. (wenig)
Sojapaste (Miso) 50 ml. / 50g. (ja)
Zitrone Schale 1 TL / 2g. (ja)
Senf Dijon 2 TL / 6g. (ja)
Pfeffer gemahlen 1 Prise / 0,5g. ()
Toastbrot (Vollkorn) 6 Scheiben / 30g. (ja)

Kochanleitung:
Frische oder getrocknete Pilze verwenden. Die getrockneten Steinpilze 1 Std. in 250 ml heißem Wasser einweichen, abgießen, abtropfen lassen und klein schneiden. Das Einweichwasser auffangen und durch ein feines Sieb gießen. Olivenöl in einer kleinen, beschichteten Pfanne leicht erhitzen, Steinpilze dazugeben, leicht salzen, mit Muskat würzen und unter Rühren kurz anbraten. 6 EL Einweichwasser untermischen und leicht köcheln lassen, bis die Flüssigkeit verdampft ist.

Räuchertofu, die Pilze, kleingehackte Essiggurke, Sojacreme, abgeriebene Zitronenschale und Dijon-Senf mit dem Cutter oder dem Mixstab zu einem glatten Aufstrich verarbeiten und mit Salz und Pfeffer abschmecken. Auf den Toastbrotscheiben servieren.

3.77 Tomaten mit Mozzarella

Fördert Verdauung, hilft Fett zu verdauen, harntreibend, senkt Blutdruck. Hilft bei Appetitlosigkeit, Blähungen, Darmentzündungen, Übelkeit, ist entkrampfend und beruhigend.

Anzahl Portionen: 1
Kalorien p. Portion   436
Gramm p. Portion   217
Kochdauer ca.   5 min
Allergene: AG
(Kohlehydrat:36,98% / Eiweiß & Fett:63,02%)
100g.≈ Eiweiß 14,85g. Fett:30,32g.
µg. - Ph:90,53 Na:176,32 Ka:158,47 Mg:12,75 Ca:109,48 Fe:0,33 Zn:0,5 Col.:10,69 Hsr.:13,46

Zutaten:
Mozzarella 1 Stück / 50g. (ja)
Tomate 2 Stück / 100g. (empfehlenswert)
Salz 1 Prise / 1g. (wenig)
Basilikum (frisch) 5 Blätter / 6g. (ja)
Olivenöl 2 EL / 20g. (ja)
Weißbrot (Weizenbrot) 2 Scheiben / 40g. (wenig)

Kochanleitung:
Tomaten und Mozzarella in Scheiben schneiden. Auf Teller verteilen, salzen und mit Basilikum und Olivenöl anrichten. Dazu Weißbrot servieren.

3.78 Überbackenes Chicoréegemüse

Liefert Mineralien und Vitamine (A,B,C), befeuchtet Darm.

Anzahl Portionen: 2
Kalorien p. Portion   231
Gramm p. Portion   460,5
Kochdauer ca.   20 Min.
Allergene: AG
(Kohlehydrat:74,2% / Eiweiß & Fett:25,8%)
100g.≈ Eiweiß 6,05g. Fett:7,04g.
µg. - Ph:20,06 Na:8,29 Ka:61,13 Mg:9,33 Ca:10,83 Fe:0,3 Zn:0,07 Col.:0 Hsr.:8,96

Zutaten:
Chicorée 4 Stück / 500g. (empfehlenswert)
Sahne, süß 30% 2 EL / 40g. (wenig)
Brösel (Weizenbrot, Semmel) 2 EL / 20g. (ja)
Reis Basmatireis 1/2 Tasse / 60g. (ja)
Wasser 3 Tassen / 300g. (ja)
Salz 1 Prise / 1g. (wenig)

Kochanleitung:
Den ganzen Chicorée ca. 5 Min. blanchieren, in eine Auflaufform geben, etwas süße Sahne und Semmelbrösel darauf verteilen und überbacken. Den Reis in gesalzenem Wasser aufkochen lassen und auf niedriger Stufe ca. 15 Min. quellen lassen.

3.79 Vanillepudding

Gegen Verstopfung.
Anzahl Portionen: 2
Kalorien p. Portion 255
Gramm p. Portion 274,5
Kochdauer ca. 10 Min.
Allergene: G
(Kohlehydrat:67,17% / Eiweiß & Fett:32,83%)
100g.≈ Eiweiß 8,11g. Fett:8,88g.
µg. - Ph:44,27 Na:33,55 Ka:70,35 Mg:5,7 Ca:55,16 Fe:0,1 Zn:0,09 Col.:1,37 Hsr.:0

Zutat en:
Kuhmilch (Vollmilch 3,5 % Fett) 500 ml. / 500g. (ja)
Puddingpulver Vanille 1 Paket / 37g. (ja)
Zucker (weiß, aus Rüben) 1 EL / 12g. (wenig)

Kochanleitung:
3-5 EL der Milch in eine Tasse geben und den Rest in einem Topf zum Kochen bringen. Das Puddingpulver zusammen mit dem Zucker und der Milch in der Tasse klümpchenfrei verrühren. Sobald die Milch kocht, die Mischung zugeben und unter ständigem Rühren auf kleiner Flamme ca. 3 Min. kochen. In vorbereitete Schälchen verteilen.

3.80 Vegetarischer Gemüse-Getreide-Kartoffelbrei

Verbessert Verdauung, regeneriert Haut, harntreibend, senkt Cholesterinspiegel, lindert Verstopfung, produziert Muttermilch.
Anzahl Portionen: 2
Kalorien p. Portion 91
Gramm p. Portion 109
Kochdauer ca. 25 Min.
Allergene: A
(Kohlehydrat:61% / Eiweiß & Fett:39%)
100g.≈ Eiweiß 1,89g. Fett:4,42g.
µg. - Ph:13,11 Na:2,56 Ka:62,42 Mg:5,72 Ca:8,05 Fe:0,26 Zn:0,13 Col.:0 Hsr.:5,15

Zutaten:
Karotte (Frühkarotte) 30 g. / 30g. (empfehlenswert)
Pastinake 30 g. / 30g. (ja)
Zucchini 30 g. / 30g. (empfehlenswert)
Fenchel 10 g. / 10g. (empfehlenswert)
Kartoffel 50 g. / 50g. (ja)
Wasser 20 g. / 20g. (ja)
Hafer Flocken (Vollkorn) 10 g. / 10g. (empfehlenswert)
Orangensaft 30 g. / 30g. (ja)
Rapsöl 8 g. / 8g. (empfehlenswert)

Kochanleitung:
Das Gemüse und die Kartoffeln waschen, würfeln und in wenig Wasser dünsten. Wasser und Haferflocken zugeben, alles pürieren und schließlich das Öl untermengen. Hinweis: Dieser Brei ersetzt den Gemüse-Kartoffel-Fleisch-Brei, wenn in der Ernährung des Säuglings auf Fleisch verzichtet werden soll. Da Fleisch die beste Nahrungsquelle für Eisen ist, muss bei vegetarischer Ernährung besonders auf eine ausreichende Eisenversorgung geachtet werden.

3.81 Weizengrießklößchen mit Olivenkräutersoße und Salat

Schont die Verdauungsorgane, entgiftet, löst Stagnation, lindert Müdigkeit. Gut bei Appetitlosigkeit, Blähungen, Darmentzündung, Fettsucht, Gicht, Magengeschwür, Magenkrämpfen, Rheuma, Sodbrennen.
Anzahl Portionen: 3
Kalorien p. Portion 245
Gramm p. Portion 291,17
Kochdauer ca. 15 Min.
Allergene: ACGL
(Kohlehydrat:76,69% / Eiweiß & Fett:23,31%)

100g.≈ Eiweiß 7,65g. Fett:9,47g.
µg. - Ph:13,31 Na:7,52 Ka:19,16 Mg:23,89 Ca:91,54 Fe:0,29 Zn:0,04 Col.:3,02 Hsr.:8,16

Zutaten:
Sahne, süß 30% 40 g. / 40g. (wenig)
Wasser 65 ml / 65g. (ja)
Weizen Gries 100 g. / 100g. (ja)
Huhn Ei 1 Stück / 60g. (ja)
Pfeffer gemahlen 1 Prise / 0,5g. ()
Zitrone Schale 1 Prise / 1g. (ja)
Zwiebel weiss 1 Stück / 60g. (ja)
Olivenöl 1 TL / 2g. (ja)
Lauchzwiebel Schnittlauch 1 EL / 7g. (ja)
Grundrezept für eine Gemüsebrühe nahrhaft 500 ml / 500g. (ja)
Kopfsalat 2 Handvoll / 30g. (empfehlenswert)
Olivenöl 1 TL / 3g. (ja)
Zitrone Saft 1 TL / 3g. (ja)
Oregano frisch 1 TL / 2g. (ja)

Kochanleitung:
Sahne und Wasser mischen und zum Kochen bringen. Den Weizengrieß einrühren und zu einem dicken Brei kochen. Vom Herd nehmen, das Ei verquirlen und unterrühren, mit Pfeffer und etwas geriebener Zitronenschale würzen. Mit 2 Kaffeelöffeln Klößchen abstechen und in der leicht kochenden Gemüsebrühe ziehen lassen, bis sie oben schwimmen. Die Zwiebel klein hacken, im Olivenöl in einer Pfanne rösten, die Grießklößchen darin schwenken und auf Teller geben. Mit fein geschnittenem Schnittlauch bestreuen. Salat waschen und in feine Streifen schneiden. Mit Olivenöl, Zitronensaft und Oregano würzen.

3.82 Zucchini mit Basilikum-Pesto

Gut bei Blähungen und Übelkeit, entkrampfend und beruhigend. Fördert Verdauung, stärkt Magen und Verdauungssystem, entgiftet, bakterizid, stärkt Muskeln und Knochen, harntreibend, löst Stagnation.
Anzahl Portionen: 3
Kalorien p. Portion   467
Gramm p. Portion   255
Kochdauer ca.   25 Min.
Allergene: ACGHL
(Kohlehydrat:62% / Eiweiß & Fett:38%)
100g.≈ Eiweiß 15,92g. Fett:20,94g.
µg. - Ph:11,85 Na:6,22 Ka:20,93 Mg:4,55 Ca:15,48 Fe:0,13 Zn:0,08 Col.:3,09 Hsr.:6,08

Zutaten:
Basilikum (frisch) 1 Bund / 125g. (ja)
Olivenöl 1 EL / 20g. (ja)
Mandeln 1 EL / 15g. (ja)
Parmesan 30 g. / 30g. (ja)
Grundrezept für eine Gemüsebrühe nahrhaft 3 EL / 45g. (ja)
Zitrone Schale 1 TL / 3g. (ja)
Zitrone 1 TL / 3g. (ja)
Oregano getrocknet 2 TL / 15g. (ja)
Kümmel 1 Prise / 1g. (ja)
Salz 1 Prise / 1g. (wenig)
Pfeffer gemahlen 1 Prise / 1g. ()
Nudeln (Weizen, Spagetti) mit Ei 200 g. / 200g. (ja)
Salz 1 Prise / 1g. (wenig)
Olivenöl 1 EL / 15g. (ja)
Zwiebel Frühlingszwiebel 2 Stück / 40g. (ja)
Zucchini 250 g. / 250g. (empfehlenswert)

Kochanleitung:
Basilikum, Olivenöl, geriebene Mandeln, Parmesan, Gemüsebrühe und geriebene Zitronenschale zu einer glatten, geschmeidigen Creme pürieren. Pesto mit Salz, Oregano, Kümmel und Pfeffer abschmecken. Die Spaghetti mit etwas Salz in reichlich Wasser bissfest kochen. Olivenöl in einer Pfanne erhitzen und die Frühlingszwiebeln unter Rühren darin weich braten. Zucchini dazugeben und kurz mitbraten. Die Zucchini sollen weich, aber mit Biss sein. Mit Salz abschmecken. Die gut abgetropften Spaghetti mit den Zucchini und dem Pesto in einer Schüssel vermischen und mit Salz und Pfeffer abschmecken. Empfehlenswert bei Schluckstörungen, Appetitlosigkeit, Kalium- und Magnesiumbedarf.

3.83 Zuckererbsensuppe mit Garnelen

Senkt Blutdruck, stärkt Immunsystem und Magen, lässt Lymphflüssigkeit fließen.
Anzahl Portionen:　3
Kalorien p. Portion　215
Gramm p. Portion　303,87
Kochdauer ca.　　15 Min.
Allergene:　　　　BL
(Kohlehydrat:67,32% / Eiweiß & Fett:32,68%)
100g.≈ Eiweiß 19,26g. Fett:4,23g.
µg. - Ph:30,01 Na:10,97 Ka:54,89 Mg:28,47 Ca:89,11 Fe:0,48 Zn:0,11 Col.:2,22 Hsr.:21,79

Zutaten:
Erbsen 250 g. / 250g. (ja)
Grundrezept für eine Gemüsebrühe nahrhaft 1/2 Liter / 500g. (ja)
Olivenöl 1 TL / 3g. (ja)
Zwiebel Frühlingszwiebel 1 Stück / 20g. (ja)
Petersilie 1 Bund / 15g. (ja)
Olivenöl 1 TL / 3g. (ja)
Garnele 8 Stück / 120g. (ja)
Salz 1 Prise / 0,5g. (wenig)
Pfeffer gemahlen 1 Prise / 0,1g. ()

Kochanleitung:
Erbsen in einem Topf mit Wasser weich kochen, abseihen und mit kaltem Wasser abschrecken. Die Petersilie klein hacken, zu den Erbsen geben und mit Gemüsebrühe aufgießen. Zwiebeln klein schneiden und in wenig Olivenöl glasig dünsten, zur Suppe geben und pürieren. Die ausgelösten Garnelen in Olivenöl kurz anbraten, in mundgerechte Stücke schneiden und in die Suppe geben. Mit Salz und Pfeffer abschmecken.

4 Wirkung der Lebensmittel

4.1 Zutaten verwenden: empfehlenswert

Apfel (sauer)
Apfel (süß)
Apfelmus
Birne
Blattsalate (bitter)
Blumenkohl (Karfiol)
Bohnen (grün, frisch)
Bohnenkraut
Borretsch
Brokkoli
Brombeere
Chicorée
Chinakohl
Erdbeere
Feldsalat
Fenchel
Fischstücke gemischt (Süßwasser)
Flaschenkürbis
Forelle
Gemüsesaft
Gurke
Gurke (bitter)
Gurke (Gewürzgurke)
Hafer Flocken (Vollkorn)
Hafer Schmelzlocken (Babynahrung)
Hagebutte
Hagebuttentee
Hering
Himbeere
Joghurt (natur, 1,5 % Fett)
Johannisbeere (rot)
Johannisbeere (schwarz)
Johannisbeere (weiß)
Kabeljau
Karotte (Frühkarotte)
Karotte (Mohrrübe, Möhre)
Karottensaft ohne Zucker
Kirsche
Kirsche (sauer)
Kohlrabi
Kohlrübe
Kopfsalat
Kräuterteemischung
Lachs
Leinöl
Linsen (Helmbohnen)
Maiskeimöl
Makrele

Maniokmehl
Mittelmeerfisch (Kabeljau, Scholle, Schellfisch, Seeaal, Makrele)
Müsli
Nudeln (Vollkorn) mit Ei
Paprika
Pfirsich
Pfirsich (Dose)
Pflaume
Preiselbeere
Preiselbeersaft
Pute Brustfleisch
Radicchio
Radieschen
Rapsöl
Reis Reisschleim
Reis Vollkorn
Reis Wilder (Naturreis)
Rettich (weiß, grün, lila-rot)
Rettich Meerrettich (Kren)
Rhabarber
Roggen Vollkornbrot
Rosenkohl
Rotbarsch
Rote Rübe
Rotkohl
Schmelzkäse 12%
Scholle
Sellerie Knolle
Sellerie Stangensellerie
Sesamöl
Soja Cuisine (Soja-Sahne)
Sojabohne
Spargel (grün oder weiß)
Speiserüben
Thunfisch
Tomate
Topfen (Quark) 20%
Vogerlsalat (Pflücksalat)
Vollkornbrot
Vollkornbrot mit ganzen Körner
Vollkornmehl
Wacholderbeere
Wachskürbis
Walnüsse
Wassermelone
Weißkohl/Weißkraut
Weizen Mehl Vollkorn
Weizen/Roggen Grau- Schwarzbrot mit Hefe
Weizenkeimöl
Weizenkleie
Wildkräuter
Wirsing/Grünkohl
Zucchini
Zwetschken

4.2 Zutaten verwenden: ja

Aal
Aal geräuchert
Acerola Fruchtnektar oder Pulver
Adzukibohnen
Agar-Agar, Agartang
Agavendicksaft
Ahornsirup
Aloesaft
Amaranth
Amaranth POPS
Ananas
Ananas (aus der Dose)
Ananassaft ungezuckert
Andornkraut
Angelikawurzel
Anis (gemeiner Fenchel)
Apfelsaft (Naturtrüb)
Aprikose
Aprikose getrocknet
Aprikosen Marmelade
Aprikosennektar
Artischocke
Aubergine
Austern
Austernpilze
Austernschalenpulver
Avocado
Backpulver
Baldrian
Bambussprossen
Banane
Banane Kochbanane
Banchatee
Bärentraubenblätter
Bärlauch (Knoblauchspinat)
Barsch
Basilikum
Basilikum (frisch)
Bataviasalat
Beeren der Saison
Beerensaft
Benediktinerdistel
Berberitzenrindetee
Birnensaft
Bitter Lemon
Bitterklee

Bitterorangenschale
Blätterteig
Blütenpollen
Bocksdornfrüchte (Fructus Lycii) getrocknet
Bockshornklee
Bohnenöl
Borretschöl
Boxhornkleesamen
Bratöl
Brennnessel
Brie
Brombeerblätter
Brombeere getrocknet (unreife)
Brombeermarmelade
Brösel (Weizenbrot, Semmel)
Brot mit Johannisbrotkernmehl
Buchweizen
Buchweizen (geröstet) Kasha
Buchweizen Vollkorn
Bulgur (Getreide)
Buschbohnen
Butter (halbfett)
Butter Bio
Butterbohnen weiße
Buttermilch
Calamari
Camembert
Cashewnüsse
Champignon
Channa-Dal
Chenpi (chinesische Mandarinenschale)
Chili (Schote oder gemahlen)
Chlorella (Süßwasser)
Chrysanthemenblütentee
Clementinen
Colagetränk (kalorienarm)
Couscous
Cranberries
Creme fraiche
Cumin (Kreuzkümmel)
Curry
Currypaste rot
Dashi
Datteln getrocknet
Datteln rot
Dill
Dinkel
Dinkel Brot
Dinkel Flocken
Dinkel Gries
Dinkel Vollkornmehl
Distelöl

Dornhai (Seeaal, Schillerlocken)
Dorsch
Dulse (Lappentang)
Edamer
Eibennuss
Eibisch (Hibiscus)
Eisbergsalat
Emmentaler
Endiviensalat
Ente (Frühmastente, schlachtfrisch)
Ente (Herz)
Entenei
Enzianwurzel
Erbse, grün
Erbsen
Erdbeermarmelade
Erdbeersaftgetränk
Erdnussbutter
Erdnüsse
Erdnussöl
Essig (Apfelessig)
Essig (Rotweinessig)
Essig Aceto Balsamico
Essig Aceto Balsamico weiss
Essiggurke
Estragon
Färberdiestel (Hong Hua)
Färberginsterkraut
Fasan
Feige
Feige getrocknet
Fenchelsamen gemahlen
Fencheltee
Feta
Fischsouce
Flohsamen
Flunder
Forelle (geräuchert)
Frischkäse
Frischkäse aus Soja
Frischkäse mit Kräuter
Früchtetee
Fruchtzucker (Fruktose, Traubenzucker)
Gagelpflaume
Galgant
Gans
Gans (Gänseklein)
Gans (Gänseschmalz)
Gänseblümchen
Gänseblut
Gänseei
Garam Masala Pulver
Garnele

Gelatine weiss
Gelee Royal
Gerste
Gerste (Nacktgerste)
Gerste (Perlgerste)
Gerstengras Pulver
Gerstengraupen
Gerstengrütze
Gerstenmalz
Gerstenmehl
Getreidekaffee
Gewürznelke
Ginkgofrucht
Ginsengwurzel
Glühweingewürzmischung
Gorgonzola
Gouda
Granatapfel
Grapefruit getrocknete Schale
Grapefruit/Pampelmuse/Pomelo
Grapefruitsaft
Graskarpfen
Grundrezept für eine Entenbrühe
Grundrezept für eine Fischbrühe
Grundrezept für eine Gemüsebrühe nahrhaft
Grundrezept für eine Hühnerbrühe wärmend
Grundrezept für eine Reissuppe (Congee)
Grundrezept für eine Rinderbrühe
Grundrezept für eine Rinderbrühe wärmend
Grüner Tee
Grünkern
Guave
Hafer
Hafer Flocken geröstet
Hafer Mehl
Hafer Milch
Hafer Schrot
Haifisch
Hammel
Hase
Hase, wild
Haselnüsse
Hefe
Heidelbeere
Heidelbeere getrocknet
Heidelbeermarmelade
Heidelbeersaft
Heilbutt
Hibiskustee
Hijiki
Himbeerblättertee
Himbeere getrocknet (unreife)
Himbeermarmelade
Hiobsträne (Samen) YiYi Ren
Hirsch Fleisch
Hirsch Knochen
Hirsch Nieren
Hirse
Hirseflocken
Hokkaidokürbis
Holunderbeeren
Holunderblütentee
Honig
Honigmelone
Hopfen
Huhn Blut
Huhn Ei
Huhn Eiweiß
Huhn Fleisch
Huhn Herz
Huhn Magen
Hummer
Hüttenkäse
Ingwer frisch
Ingwer Pulver
Ingweröl
Jakobstränen
Jasminblütentee
Joghurt (natur, 3,5 % Fett)
Johannisbeermarmelade (rot)
Johannisbeermarmelade (schwarz)
Johannisbeernektar (schwarz)
Johannisbrotkernmehl
Kaffee
Kaffeeweißer
Kakao
Kaki-Pflaume
Kaktusfeige
Kalmus
Kamille
Kaninchen Fleisch
Kaninchen Leber
Kapern (eingelegt)
Kapuzinerkresse
Karambole/Sternfrucht
Karausche
Kardamom
Karpfen
Kartoffel
Kartoffel (mehlige)
Kartoffelmehl
Käsepappeltee
Kastanien (Maronen)
Kaviar

83

Kefir
Kerbel
Kerbel getrocknet
Kichererbsen
Kirschenkompott
Kirschsaft
Kiwi
Klementine
Klettenwurzeltee
Knäckebrot
Knoblauch
Kokosflocken
Kokosmilch
Kokosnussfleisch
Kokosraspeln
Kombualge
Kompott (Früchte der Saison)
Koriander
Koriandergrün
Korinthen (rot)
Korinthen (schwarz)
Krabbe
Krake
Kräuter bittere
Kräuter der Provence
Kräuter verschiedene
Kräuter Wildkräuter
Kresse
Kuhmilch (1,5 % Fett)
Kuhmilch (Vollmilch 3,5 % Fett)
Kukichatee
Kümmel
Kümmel gemahlen
Kumquat
Kürbis
Kürbiskerne
Kürbiskernöl
Kurkuma (Gelbwurz)
Kuzu
Lamm Fleisch
Lamm Knochen
Lamm Schulter
Languste
Lauch (Porree)
Lauchzwiebel Schnittlauch
Laugengebäck
Lavendelblüten
Leberglättertee
Leinsamen
Leinsamen (geschrotet)
Liebstöckel
Liebstöckelsamen
Limabohnen
Lindenblütentee

Linsen gelb
Linsen rot
Linsen schwarz
Löffelbiskuit
Longane
Loquate/Japanische Mispel
Lorbeerblatt
Lotossamen
Lotoswurzeln
Löwenzahn (junger)
Löwenzahnsaft
Löwenzahnwurzeltee
Luohan-Frucht
Lychee
Lychee (Konserve)
Magermilchpulver
Mais
Mais (geröstet)
Mais (Schnellpolenta)
Mais Gries (Polenta)
Mais Mehl (Maizena)
Maishaartee
Maisstärke
Majoran
Makannastern Samen
Malventee
Malz
Mandarine
Mandelmilch
Mandelmus
Mandeln
Mandeln Marzipan
Mango
Mangold
Mangopulver
Mangosaft
Margarine
Margarine (Diät)
Marillen
Marillensaft
Maulbeerfrucht
Meeräsche
Meereskrebs
Mehrkornbrot (Graubrot)
Melisse
Miesmuscheln
Mineralwasser
Mirabelle
Miso
Miso schwarz (fermentiert)
Mispel
Mixed Pickels
Mohn
Molke

Moosbeere
Morchel (schwarz, getrocknet)
Mozzarella
Mu-Erh-Pilz
Mungbohne
Mungbohnensprossen
Muskatnuss
Nachtkerzenöl
Nektarine
Nelke
Nierenbohnen (rote)
Nori, Purpurtang, Rotalge
Nudeln (Weizen) mit Ei
Nudeln (Weizen, Bandnudeln) mit Ei
Nudeln (Weizen, Lasagneblätter) mit Ei
Nudeln (Weizen, Spagetti) mit Ei
Obstmischung Fruchtsaft
Odermennig
Okra
Oliven
Oliven grün
Olivenöl
Orange
Orange abgeriebene Schale
Orange getrocknete Schale
Orange Schale
Orangenblüten
Orangenmarmelade
Orangensaft
Oregano frisch
Oregano getrocknet
Palmöl
Papaya
Paprika (Rosenpaprikapulver)
Paprika (süß)
Paranuss
Parmesan
Passionsblumenblütentee
Passionsfrucht (Maracuja)
Pastinake
Peperoni
Peperoni, gelb, entkernt, halbiert
Peperoni, rot, entkernt, halbiert
Petersilie
Petersilienwurzel
Pfeffer Cayenne
Pfeffer Körner
Pfeffer weiss (gemahlen)
Pfefferminze
Pfefferminztee
Pfeilwurzelmehl
Pferd Fleisch
Pfifferlinge/Eierschwammerl
Pflaume getrocknet

Piment
Pinienkerne
Pintobohnen gesprenkelt
Pistazien
Preiselbeermarmelade
Puddingpulver Vanille
Pumpernickel
Pute Schinken
Qualle
Quargel 20%
Quinoa
Quitte
Reh Fleisch
Reineclaude
Reis Basmatireis
Reis Duftreis
Reis Gaoliangreis (Sorghum)
Reis Klebreis
Reis Langkornreis
Reis Roter
Reis Rundkornreis
Reis Schwarzer
Reis Sorte beliebig
Reis Süßer
Reishi
Reismalz
Reismehl
Reisnudeln
Reisstärke
Rettich schwarz
Rettichblätter (vom Wochenmarkt)
Rind (Kalb)
Rind Filet
Rind Fleisch
Rind Fleischknochen
Rind Herz
Rind Herz (Kalb)
Rind Knochenmark
Rind Lunge (Kalb)
Rind Magen
Rind Ochsenschwanzstücke
Rind Suppenfleisch
Roggen
Roggenmehl
Römersalat/Lattich-Salat
Rosenblättertee
Rosenblütentee
Rosinen
Rosmarin
Rote Grütze (ohne Zucker)
Safran
Sago (Getreide)
Sahne 10% Kaffeesahne
Sahne sauer 10%

Sahne sauer 20%	Sesam, Schwarzer
Sahne sauer 30%	Sesam, Weißer
Salbei	Sesamöl geröstet
Salz Kräutersalz	Shiitake, getrocknet
Sanddorn	Shrimps
Sardellen/Sardine	Silbermorchel, getrocknet
Saubohnen (Dicke Bohnen)	Soja Tofu
Sauerampfer	Soja Tofu geräuchert
Sauerkirsche	Sojabohnen, Gelbe
Sauerkraut	Sojabohnen, Schwarze
Sauermilch	Sojabohnen, Schwarze, fermentiert
Sauerrahm 15% Fett	Sojabohnenmilch
Sauerteig	Sojacreme
Schaffleisch	Sojamehl
Schafgarbe	Soja-Nudeln
Schafgarbentee	Sojaöl
Schafmilch Joghurt	Sojapaste (Miso)
Schafskäse	Sojasauce
Schafsmilch	Sonnenblumenkerne
Schimmelkäse	Sonnenblumenöl
Schlehdorn	Spinat
Schmelzkäse 30%	Spitzwegerichtee
Schnecke	Stachelbeere
Schwarzaugenbohnen	Stangenbohnen (Fisolen)
Schwarze Bohnen	Steinpilz/Herrenpilz
Schwarzer Fungu Pilz	Sternanis
Schwarzkümmel	Stevia (Süßkraut)
Schwarztee	Stutenmilch
Schwarzwurzel	Süßholzwurzeltee
Schwedenkraut (Schwedenbitter)	Süßkartoffel
Schwein Blut	Süßwasserfisch
Schwein Bratwurst	Süßwasserkrebs
Schwein Darm	Tabasco
Schwein Fett	Taube
Schwein Fleisch	Taube Ei
Schwein Haut	Teemischung Harnsäuresenkend
Schwein Haxe (Eisbein)	Thymian
Schwein Hirn	Thymian getrocknet
Schwein Lunge	Tintenfisch
Schwein Magen	Toastbrot (Vollkorn)
Schwein Markknochen (Röhrenknochen)	Tomate getrocknet
	Tomatenmark
Schwein Mettwurst	Tomatenpüre
Schwein Schinken	Tomatensaft
Schwein Schinken gekocht	Tonicwasser
Schwein Schinken geselcht	Topfen (Quark) 40%
Schwein Schinkenspeck	Trauben rot
Seegurke	Trauben weiß
Senf	Traubenkernöl
Senf Dijon	Traubensaft rot
Senf mittelscharf	Traubensaft weiß
Senf süß	Trüffel
Senfsamen	Tsampa (geröstetes Gerstenmehl)
Sesam Paste (Tahini)	Umeboshipaste

Umeboshipflaumen (Japanaprikosen)
Vanille
Vanillepulver
Vanilleschote
Vanillezucker natur
Vogelmiere
Wachtel
Wachtel Ei
Wakame
Walderdbeeren
Walnüsse geröstet
Walnussöl
Wasser
Wasser heiss
Weißdorn
Weiße Bohnen
Weißfischchen
Weißwurz
Weizen
Weizen Bulgurweizen
Weizen Fladenbrot
Weizen Flocken
Weizen Gras Pulver
Weizen Gries
Weizen Gries - Kindergries
Weizen Mehl
Weizengrassaft
Wermutkraut

Wildschwein Fleisch
Yamswurzel, Yamswurzelknolle
Yogitee
Ysop
Ziege
Ziegen- und Schafsblut
Ziegen- und Schafshirn
Ziegen- und Schafsmagen
Ziegen- und Schafsmilch
Ziegenkäse
Zimtpulver
Zimtstange
Zitrone
Zitrone Saft
Zitrone Schale
Zitrone, Limette
Zitronengras
Zitronenmelisse (frisch)
Zitronenmelisse (getrocknet)
Zucker Fructose Fruchtzucker
Zucker Glukose Traubenzucker
Zucker Milchzucker
Zuckerersatz (Süßstoff)
Zwieback
Zwiebel Frühlingszwiebel
Zwiebel rot
Zwiebel Schalotte
Zwiebel weiss

4.3 Zutaten verwenden: wenig

Bier (alkoholarm)
Bier (alkoholfrei)
Bier (Altbier)
Bier (Pils)
Brötchen (Semmel)
Butterschmalz
Colagetränk
Erdnuss (geröstet)
Fisch Innereien
Fischreste
Honigwein (Met)
Huhn Eigelb
Huhn Leber
Kokosfett
Lamm Leber
Lamm Nieren
Malzbier
Mayonnaise 50%
Mayonnaise 80%
Rind Leber
Rind Niere
Rotwein
Sahne, süß 30%

Salz
Schokolade
Schokolade (Diabetiker)
Schwein Herz
Schwein Leber
Schwein Nieren
Schwein Schmalz
Weißbrot (Weizenbrot)
Weißbrot Baguette
Weißbrot Brösel (Weizenbrot)
Weißbrot Knödelbrot (Weizenbrot)
Weißbrot Salzstangerl
Weißbrot Semmel
Weißwein
Weizen Bier
Wermut
Ziegen- und Schafsleber
Zucker (Staubzucker)
Zucker (weiß, aus Rüben)
Zucker braun
Zucker Kandis weiß
Zucker Melasse
Zucker Palmzucker

Zucker Ursüße (Zuckerrohr) süß

4.4 Kontraindikativ wirkende Lebensmittel nicht verwenden

Astronautenkost	Martini
Bitterlikör	Prosecco
Campari	Rum
Fernet Branca (Kräuterbitterlikör)	Sake
Ginsenglikör	Schnaps
Lycheelikör	Sherry

5 Komplementär

5.1 Heil-Tee (Aufguss)

5.1.1 Spitzwegerich

Gegen Blähungen als Tee, für die Wundheilung oder gegen Pilzbefall als Tee oder Umschläge.
Spitzwegerich ist eines der besten Kräuter, um die Schleimablagerungen des Darmes aufzubrechen. Und er ist einer der besten Blutreiniger. Wegerich ist ein gutes Leberkraut und verbessert auch die Funktion der Nieren. Er trägt dazu bei, Blähungen und Durchfall zu verhindern.
Insgesamt gesehen ist er eines der größten Heilkräuter der Natur. Er schmeckt köstlich in einem Salat (zusammen mit Löwenzahnblättern) und wahrscheinlich wächst er in Ihrem eigenen Hinterhof.

5.2 Komplementäre Anwendung

5.2.1 Bewusstseinsbildung

Psychologen, Lebens und Sozialberater helfen mit Therapien
Psychologen, Lebens und Sozialberater helfen mit Therapien bei Panikattacken, Ängste, Depressionen und Phobien. Die Zahl
der Angstpatienten wächst deutlich. Ursachen sind unter anderem die hohen Anforderungen der heutigen Zeit, Stress, Überspanntheit, unsichere Zukunftsaussichten und schwierige familiäre Situationen. Aber auch traumatische Erfahrungen im Zusammenhang mit der Erkrankung an Krebs können Angstauslöser sein. Typische Beratungsleistungen für Einzelpersonen,
Partner, Familien und Paare sind: Persönlichkeitsberatung Mediation (Konfliktberatung) Ehe-, Partnerschafts- und Familienberatung Erziehungsberatung Ernährungsberatung Berufs- und Karriereberatung Sexualberatung (Tantra)

5.3 Pulver

5.3.1 Acerola

Reich an Vitamin C. Vitamin C gehört zu den fünf wichtigsten Antioxidantien. Es zählt zu den wirksamsten Gegenspielern der sogenannten freien Radikalen. Hemmt die Histaminfreisetzung (bei Allergien)

Saft, Fruchtfleisch, Konzentrat und Pulver
1g Acerolapulver (½ Teelöffel), in ein Getränk oder unter Müsli, Joghurt usw. mischen.
Reich an Vitamin C. Beliebt ist die Verwendung von Saft, Fruchtfleisch, Konzentrat und Pulver als Vitaminanreicherung anderer Fruchtsäfte, als Säurezusatz zur Verstärkung des Eigenaromas anderer Früchte oder zur Speiseeis-, Konfitüre- und Gelee-Herstellung.

6 Grundlagen der Ernährung

Die hier beschriebenen Grundlagen der Ernährung zeigen allgemeine Empfehlungen und beziehen sich nicht auf eine spezielle Therapieform. Die Empfehlungen der Therapie haben Vorrang.

6.1 Ernährung

Die regelmäßige Einnahme von Mahlzeiten in entspannter Atmosphäre.
Ein wärmendes Frühstück gilt als guter Start in den Tag.
Mittags sollte die Hauptmahlzeit stattfinden - das Abendessen am frühen Abend.

Die Beachtung von Hunger- und Sättigungsgefühlen: Nicht überessen und nicht hungern, so lautet die Regel.

Die frische Zubereitung der Speisen aus naturbelassenen, regionalen Produkten. Tiefgekühlte, hitzekonservierte, industriell vorgefertigte oder mikrowellengegarte Lebensmittel werden gemieden.

Die Auswahl von Lebensmittel nach der Jahreszeit: Im Sommer mehr kühlende Nahrung, im Winter mehr wärmende Nahrung.

Mindestens zweimal am Tag Gekochtes essen. Speisen und Getränke sollen möglichst handwarm, niemals eiskalt oder heiß sein.

Rohkost, kurz gegartes Gemüse, frisch gepresste Säfte und Mineralwasser werden üblicherweise nicht empfohlen. Milch und Milchprodukte stehen nur dann auf dem Speiseplan, wenn sie problemlos vertragen werden.

Therapeutische Rezepte nicht über einen längeren Zeitraum ohne Rücksprache mit dem Arzt oder Therapeuten einnehmen.

1. Vielseitig essen
Lebensmittelvielfalt genießen. Merkmale einer ausgewogenen Ernährung sind abwechslungsreiche Auswahl, geeignete Kombination und angemessene Menge nährstoffreicher und energiearmer Lebensmittel. (Einerseits Schutz vor Unterversorgung mit essentiellen Nährstoffen und andererseits Schutz vor einer überhöhten Zufuhr unerwünschter Inhaltsstoffe.)

2. Reichlich Getreideprodukte - und Kartoffeln
Brot, Nudeln, Reis, Getreideflocken (am besten aus Vollkorn), sowie

Kartoffeln enthalten kaum Fett, aber reichlich Vitamine, Mineralstoffe, Spurenelemente sowie Ballaststoffe und sekundäre Pflanzenstoffe. Diese Lebensmittel sollten mit möglichst fettarmen Zutaten verzehrt werden.

3. Gemüse und Obst - Nimm "5" am Tag ...
5 Portionen Gemüse und Obst am Tag, möglichst frisch, nur kurz gegart, oder auch eine Portion als Saft – idealerweise zu jeder Hauptmahlzeit und auch als Zwischenmahlzeit: Damit werden reichlich Vitamine, Mineralstoffe sowie Ballaststoffe und sekundären Pflanzenstoffe (z.B. Carotinoiden, Flavonoiden) zugeführt. Das Beste, was man für die eigene Gesundheit tun kann.

4. Täglich Milch und Milchprodukte, ein- bis zweimal in der Woche
Fisch; Fleisch, Wurstwaren sowie Eier in Maßen. Diese Lebensmittel enthalten wertvolle Nährstoffe, wie z.B. Calcium in Milch, Jod, Selen und Omega-3-Fettsäuren in Seefisch. Fleisch ist wegen des hohen Beitrags an verfügbarem Eisen und an den Vitaminen B1, B6 und B12 vorteilhaft. Mengen von 300 - 600 g Fleisch und Wurst pro Woche reichen hierfür aus. Fettarme Produkte bevorzugen, vor allem bei Fleischerzeugnissen und Milchprodukten.

5. Wenig Fett und fettreiche Lebensmittel
Fett liefert lebensnotwendige (essenzielle) Fettsäuren und fetthaltige Lebensmittel enthalten auch fettlösliche Vitamine. Fett ist besonders energiereich, daher kann zu viel Nahrungsfett Übergewicht fördern, möglicherweise auch Krebs. Zu viele gesättigte Fettsäuren fördern langfristig die Entstehung von Herz-Kreislauf-Krankheiten. Pflanzliche Öle und Fette bevorzugen (z.B. Raps-, Oliven- und Sojaöl und daraus hergestellte Streichfette). Auf unsichtbares Fett achten, das in Fleischerzeugnissen, Milchprodukten, Gebäck und Süßwaren sowie in Fast-Food- und Fertigprodukten meist enthalten ist. Insgesamt 70 - 90 Gramm Fett pro Tag reichen aus.

6. Zucker und Salz in Maßen
Nur gelegentlich Zucker und Lebensmittel, bzw. Getränke verzehren, die mit verschiedenen Zuckerarten (z.B. Glucose Sirup) hergestellt wurden. Kreativ mit Kräutern und Gewürzen und wenig Salz würzen. Jodiertes Speisesalz bevorzugen.

7. Reichlich Flüssigkeit
Wasser ist absolut lebensnotwendig. Jeden Tag rund 1-2 Liter Flüssigkeit trinken. Wasser (ohne oder mit Kohlensäure) und andere kalorienarme Getränke bevorzugen. Alkoholische Getränke sollten nicht konsumiert

werden.

8. Schmackhaft und schonend zubereiten
Die jeweiligen Speisen bei möglichst niedrigen Temperaturen garen, soweit es geht kurz, mit wenig Wasser und wenig Fett - das erhält den natürlichen Geschmack, schont die Nährstoffe und verhindert die Bildung schädlicher Verbindungen.

9. Sich Zeit nehmen und das Essen genießen
Bewusstes Essen hilft, richtig zu essen. Auch das Auge isst mit. Sich beim Essen Zeit lassen. Das macht Spaß, regt an, vielseitig zuzugreifen und fördert das Sättigungsempfinden.

10. Auf das Gewicht achten und in Bewegung
Ausgewogene Ernährung, viel körperliche Bewegung und Sport (30 bis 60 Minuten pro Tag) gehören zusammen. Mit dem richtigen Körpergewicht fühlt man sich wohl und fördert die Gesundheit.
Thermik, Wirkrichtung, Verdauungskraft
Es gibt unterschiedliche Kriterien, die Wirksamkeit von Kräutern und Lebensmittel zu beurteilen. Der Einsatz der Kräuter und Zutaten basiert auf Beobachtung, was die Lebensmittel, Kräuter und Gewürze nach ihrem Verzehr im Körper bewirken. In der Medizin hat sich daraus folgendes System entwickelt: Jede Zutat oder Kraut hat eine Wirkrichtung. Außerdem gibt es noch Kräuter, die eine besondere Wirkung auf bestimmte Organe haben.

Voraussetzung für einen gesunden Stoffwechsel ist es, darauf zu achten, dass wir ausreichend Energie aus der Nahrung gewinnen und der Verdauungsprozess so wenig Energie wie möglich verbraucht. Eine bekömmliche Mahlzeit macht zufrieden und satt, verursacht keine Blähungen und keine Müdigkeit nach dem Essen. Richtiges Würzen erhöht die Bekömmlichkeit unserer Speisen. Es genügen oft schon geringe Mengen an Kräutern und Gewürzen. Sie dienen nicht dazu, uns satt zu machen, sondern helfen unseren Verdauungsorganen, die Nahrung zu verdauen.

6.2 Rezepte

Die Rezepte zeigen Ihnen welche Zutaten verwendet werden sowie mit der Kochanleitung wie diese zubereitet werden. Bei den Zutaten wird neben den Mengenangaben auch die Wichtigkeit für die Therapie angezeigt. Wenn dabei angezeigt wird "weniger als angegeben" versuchen Sie diese Empfehlung einzuhalten oder eine Alternative aus der Liste der "Empfohlenen Lebensmittel" zu finden. Meistens ist es nur eine leichte geschmackliche Änderung wenn Sie diese Zutat gänzlich weglassen.

Schonende Kochmethoden: Kochen, dämpfen, pochieren, dünsten
Scharfe Kochmethoden: Grillen, rösten, anbraten, räuchern
Ausgeglichene Kochmethoden: Frittieren, Römertopf

Auf das Einfrieren und erwärmen in der Mikrowelle sollte verzichtet werden (Denaturierung).

6.3 Lebensmittel

Lebensmittel wirken wie Heilkräuter auf Körper und Geist, nur wesentlich sanfter. Die Ernährungsberatung stützt sich hauptsächlich auf heimische Lebensmittel. Das Wissen über die Wirkungsweisen jedes einzelnen Lebensmittels und das Wissen wann welche Lebensmittel zur Anwendung kommen, entstammt der Schulmedizin. Verwende Sie möglichst Erzeugnisse aus ökologischen-biologischem Landbau.

Da wegen der besseren Verdaulichkeit grundsätzlich alles lange gekocht und kaum roh gegessen wird, ist die Verträglichkeit hervorragend.

Die Einteilung der Lebensmittel entsprechend ihrer Wirkung auf den Körper und bildet die Basis, um einen ausgewogenen und harmonischen Gesundheitszustand im Körper zu erreichen.

Grundsätzlich empfiehlt die Ernährungsberatung keine bestimmten Lebensmittel für Jedermann. Ausschlaggebend für den individuellen Speiseplan ist vor allem die persönliche Konstitution.

Kaufen Sie nur frisches und reifes Obst und Gemüse ein. Braune Stellen, welke Blätter aber auch unreifes Obst und Gemüse sollten Sie im Supermarkt zurücklassen. Greifen Sie dann zu Tiefkühlware (keine Fertiggerichte!). Tiefkühlobst und -gemüse werden kurz nach dem Ernten schockgefroren und enthalten deshalb oftmals mehr Vitamine und Mineralstoffe, als die Ware aus der Obst- und Gemüsetheke! Konserven- und Dosenware dagegen enthält wesentlich weniger Biostoffe. Zudem werden Letztere meist mit Salz, Zucker usw. angereichert. Lassen Sie die Zutaten nach dem Waschen nie im Wasser liegen, denn so gehen viele Vitalstoffe ins Wasser über! Putzen Sie Salate, Früchte und Gemüse erst unmittelbar vor Verzehr.

Beachten Sie bitte die hygienische Verarbeitung der Lebensmittel. Waschen Sie Ihre Salate, Früchte und Gemüse gründlich. Bei Gerichten mit Fleisch bereiten Sie zuerst die Zutaten vor und verarbeiten dann die Fleischprodukte. Reinigen Sie danach die Arbeitsflächen und Werkzeuge besonders gründlich. Holzunterlagen sollten regelmäßig mit leichtem Desinfektionsmittel behandelt werden um die Keimbildung einzuschränken.

Bewahren Sie Obst und Gemüse möglichst getrennt voneinander auf. Auch geerntete Früchte und Gemüse leben und strömen z.B. Ethylengas aus, das andere Sorten schneller reifen und altern lässt. Fleisch und Fisch in der verschlossenen Verpackung lassen oder in luftdichten Boxen im Kühlschrank aufbewahren.

6.4 Kräuter

Bei der Aufbewahrung und Lagerung von Heilkräutern, müssen gewisse Grundregeln beachtet werden. Grundsätzlich müssen Heilkräuter geschützt vor direkter Sonneneinstrahlung, vor Feuchtigkeit und vor heißen Temperaturen gelagert werden.

Als Gefäße für die Lagerung von Heilkräutern können Gläser, Keramik-Behälter und zur Not auch Plastik-Dosen eingesetzt werden. Plastik ist aber ein sehr unreines Material und sollte daher wirklich nur eine kurzfristige Notlösung sein. Bei Glasbehältern ist darauf zu achten, dass dunkles Glas verwendet wird.

Heilkräuter können nicht beliebig lange aufbewahrt werden. Die Haltbarkeit von Heilkräutern ist auf jeden Fall begrenzt. Durch die Haltbarkeitsdauer kann durch sachgerechte Lagerung wesentlich erhöht werden. So soll der Lagerplatz dunkel, eher kühl und absolut trocken sein. Ein Medizinschrank aus Holz, der nicht direkt bei einer Wärmequelle platziert ist wäre ideal. Um Ihre Heilkräuter nicht wegwerfen zu müssen, kaufen Sie nicht zu große Mengen an Heilpflanzen. Beschriften Sie die Behälter mit dem Namen des Heilkrauts und dem Datum der Ernte bzw. der Verarbeitung.

7 Weitere Ernährungsvorschläge

Folgende Syndrome der Diätetik, der TCM oder als Therapieergänzung bei Krebs sind verfügbar.

DIÄTETIK
1. Ernährung des Säuglings - Beikost
2. Ernährung in der Stillzeit
3. Ernährung im Alter
4. Ernährung von Kindern und Jugendlichen
5. Ernährung von Sportlern
6. Leichte Vollkost
7. Schwangerschaft
8. Vollkost

Eiweiß und Elektrolyt – Nieren
9. (Hämo-)Dialysebehandlung
10. Akutes Nierenversagen
11. Chronische Niereninsuffizienz
12. Nephrotisches Syndrom
13. Nierensteine (Nephrolithiasis)

Gastrointestinaltrakt - Bauchspeicheldrüse
14. Akute Pankreatitis (Entzündung der Bauchspeicheldrüse)
15. Chronische Pankreatitis (Entzündung der Bauchspeicheldrüse)

Gastrointestinaltrakt - Dünndarm und Dickdarm
16. Akute Obstipation (Verstopfung)
17. Chronische Obstipation (Verstopfung)
18. Colon irritabile
19. Divertikulitis
20. Erworbene Laktoseintoleranz (Laktosemalabsorption)
21. Fruktosemalabsorption
22. Glutensensitive Enteropathie (Zöliakie)
23. Kolektomie
24. Kurzdarmsyndrom

Gastrointestinaltrakt - Leber, Gallenblase, Gallenwege
25. Akute und chronische Hepatitis (Entzündung der Leber)
26. Cholelithiasis (Gallensteine)
27. Fettleber
28. Leberzirrhose

Gastrointestinaltrakt - Magen und Zwölffingerdarm
29. Akute Gastritis
30. Chronische Gastritis
31. Magenblutung
32. Ulcus ventriculi und Ulcus duodeni
33. Zustand nach Magenoperation

Gastrointestinaltrakt - Mundhöhle und Speiseröhre
34. Mundschleimhautentzündung
35. Ösophaguskarzinom (Speiseröhrenkrebs)
36. Reflüxösophagitis (Sodbrennen)

spezielle Krankheiten
37. Phenylketonurie (PKU)
38. Rheumatische Gelenkserkrankungen

Stoffwechsel
39. Adipositas (Übergewicht)
40. Diabetes mellitus
41. Essstörungen (Untergewicht)
Fettstoffwechsel
42. Hypercholesterinämie (erhöhter Cholesterinspiegel)
43. Hepatische Enzephalopathie
Herz- und Kreislauf
44. Arteriosklerose (Arterienverkalkung)
45. Herzinsuffizienz
46. Hypertonie (Bluthochdruck)
47. Hyperurikämie und Gicht
veränderter Nährstoffbedarf
48. bei Fieber
49. bei malignen Erkrankungen
50. nach Verbrennungen
51. Strahlen- und Chemotherapie

KREBS
100. Bauchspeicheldrüse
101. Blasenkrebs
102. Blutkrebs (Leukämie)
103. Brustkrebs
104. Darmkrebs
105. Magenkrebs
106. Nierenkrebs
107. Speiseröhrenkrebs

TCM
200. Blase - Feuchte Hitze in der Blase
201. Blase - Feuchtigkeit und Kälte in der Blase
202. Blase - Leere und Kälte in der Blase
203. Dickdarm - äussere Kälte befällt den Dickdarm
204. Dickdarm - Feuchte Hitze im Dickdarm
205. Dickdarm - Hitze blockiert den Dickdarm II akut
206. Dickdarm - Trockenheit des Dickdarms
207. Dickdarm - Yang Mangel (Kälte)
208. Herz - Blut Mangel
209. Herz - Blut Stagnation
210. Herz - Feuer
211. Herz - Heisser Schleim verstopft die Herzporen
212. Herz - Kalter Schleim verstopft die Herzporen
213. Herz - Qi Mangel
214. Herz - Yang Mangel
215. Herz - Yin Mangel
216. Leber - aufsteigender Leber-Yang
217. Leber - Blut-Mangel
218. Leber - Blut-Stagnation
219. Leber - feuchte Hitze in Leber und Gallenblase
220. Leber - Feuer
221. Leber - Gallenblase Qi-Leere
222. Leber - Kälte im Lebermeridian
223. Leber - Qi-Stagnation

224. Leber - Wind
225. Leber - Wind mit aufsteigendem Leber Yang
226. Leber - Wind mit Blutleere
227. Leber - Wind mit extremer Hitze
228. Lunge - Qi Mangel
229. Lunge - Schleim-Feuchtigkeit in der Lunge
230. Lunge - Schleim-Hitze in der Lunge
231. Lunge - Schleim-Kälte in der Lunge
232. Lunge - Trockenheit der Lunge
233. Lunge - Wind-Hitze befällt die Lunge
234. Lunge - Wind-Kälte befällt die Lunge
235. Lunge - Yin Mangel
236. Magen - Blutstagnation
237. Magen - Feuer
238. Magen - Magenkälte mit Flüssigkeit
239. Magen - Nahrungsstagnation
240. Magen - Qi Mangel
241. Magen - rebellierendes Magen Qi
242. Magen - Yin Leere
243. Milz - Hitze und Feuchtigkeit befällt die Milz
244. Milz - Kälte und Feuchtigkeit befällt die Milz
245. Milz - Qi Mangel
246. Milz - Qi Mangel + Absinkendes MilzQi
247. Milz - Qi Mangel + Milz kontrolliert das Blut nicht
248. Milz - Yang Mangel
249. Niere - Herz und Niere kommunizieren nicht mehr
250. Niere - Jing Mangel
251. Niere - Nieren können das Qi nicht empfangen
252. Niere - Qi ist nicht fest
253. Niere - Yang Mangel
254. Niere - Yin Mangel